U0905182

- 京东，中国第一个成功赴美上市的大型综合型电商平台
- 京东，业务涉及电商、金融和技术三大领域
- 京东，中国收入规模最大的互联网企业
- 京东，中国最大的自营式电商企业

京东，电商引领未来

京东成功的秘密

刘俊　编著

SPM
南方出版传媒
广东经济出版社
·广州·

图书在版编目（CIP）数据

京东，电商引领未来：京东成功的秘密/ 刘俊编著. —广州：广东经济出版社，2016. 8

ISBN 978 - 7 - 5454 - 4651 - 7

Ⅰ. ①京… Ⅱ. ①刘… Ⅲ. ①电子商务 - 商务企业管理 - 经验 - 中国Ⅳ. ①F724. 6

中国版本图书馆 CIP 数据核字（2016）第 155362 号

出 版 人：姚丹林
责任编辑：李惠玉
责任技编：许伟斌
封面设计：李康道

出版发行	广东经济出版社（广州市环市东路水荫路 11 号 11 ~ 12 楼）
经销	全国新华书店
印刷	中山市国彩印刷有限公司（中山市坦洲镇彩虹路 3 号）
开本	730 毫米 × 1020 毫米 1/16
印张	12. 5
字数	202 000 字
版次	2016 年 8 月第 1 版
印次	2016 年 8 月第 1 次
印数	1 ~ 5 000 册
书号	ISBN 978 - 7 - 5454 - 4651 - 7
定价	36. 00 元

如发现印装质量问题，影响阅读，请与承印厂联系调换。
发行部地址：广州市环市东路水荫路 11 号 11 楼
电话：（020）38306055 37601950 邮政编码：510075
邮购地址：广州市环市东路水荫路 11 号 11 楼
电话：（020）37601950 营销网址：**http://www. gebook. com**
广东经济出版社新浪官方微博：**http://e. weibo. com/gebook**
广东经济出版社常年法律顾问：何剑桥律师

PREFACE | 前言

根据第三方市场研究公司艾瑞咨询的数据显示，京东（JD.com）是中国最大的自营式电商企业，2015年第一季度在中国自营式B2C电商市场的占有率为56.3%。2014年，京东市场交易额达到2602亿元，净收入达到1150亿元。2015年第二季度，京东市场交易额达到1145亿元，同比增长82%；净收入达到459亿元，同比增长61%。

京东创始人刘强东担任京东集团CEO。目前，京东集团旗下设有京东商城、京东金融、拍拍、京东智能、京东到家及海外事业部。2014年5月，京东在美国纳斯达克证券交易所正式挂牌上市，股票代码：JD，是中国第一个成功赴美上市的大型综合型电商平台，并跻身全球前十大互联网公司排行榜。2015年7月，京东因其高成长性入选纳斯达克100指数，成为纳斯达克100指数中仅有的2家中国互联网公司之一。

2014年11月20日，在浙江乌镇出席首届世界互联网大会的中共中央政治局委员、国务院副总理马凯介绍，阿里巴巴、腾讯、百度、京东4家企业进入全球互联网公司十强。

《京东，电商引领未来——京东成功的秘密》一书主要讲述了京东的高速增长、闪电响应的供应链、庞大的团队规模等背后内幕，以及京东的运营模式、电子商务、金融运作、行业竞争、物流运作等内容，随着成为中国B2C领导厂商以及在纳斯达克上市，京东越来越需要开放自己，与业界形成更好的交流与融合关系。

京东为何能取得成功呢？除了众人皆知的京东商城外，京东还有哪些鲜为人知的故事呢？《京东，电商引领未来——京东成功的秘密》一书将从以下11

个方面对京东的成功予以一一解读。

★京东在美国上市

★快速增长的密码

★产品品牌的魅力

★京东网上书城

★一站式服务——京东物流

★京东自有的仓储基地

★京东的核心技术

★京东的投资与并购

★京东的互联网金融

★京东的社会责任

★京东的内部凝聚

在不同人的眼中，京东有着不同的形象，编者只是从个人的思维角度对京东进行了观察、解读。在本书的编写过程中，由于编者水平有限，加之时间仓促，错误疏漏之处在所难免，敬请读者批评指正。同时，部分图片与文字内容引自互联网媒体，请原作者看到本书后及时与编者联系，以便支付稿酬。

编者

2016年7月

CONTENTS | 目录

2015年8月7日，京东集团对外公布了截至6月30日的2015年第二季度财报，依旧保持了比行业增速高2倍的成长速度，单一季度交易总额首次突破了千亿元，颇具历史意义。财报显示，京东集团第二季度交易总额（GMV）达到1145亿元，同比增长82%，净收入则达到459亿元，同比增长61%，活跃用户数和履约订单量分别达到1.18亿人和3.056亿张，京东商城交易额增幅高达92%。

第三章 产品品牌的魅力 / 45

品牌是给拥有者带来溢价、产生增值的一种无形的资产，品牌承载的更多是一部分人对其产品以及服务的认可，是一种品牌商与客户购买行为间相互磨合衍生出的产物。那么，京东是如何打造自己的品牌的呢？

中国电子商务研究中心主任曹磊认为，电商市场主要包括一二线城市、三四线城市、乡镇、农村四个层面，过去大家更关注一二线城市，但未来的机遇更多在后面三个层次的市场中，渠道下沉很重要，而本地化的仓储配置和物流配置体系网络的完善就成为电商的核心竞争力。"谁能够更好地掌握渠道优势，谁自然就能更快地占领市场先机。"以仓储与物流闻名的京东占了什么优势呢？

刘强东说过："我们之所以强调要自营，而且坚持自建物流，核心目的是通过技术手段来降低供应链成本，提升供应链效率。”那么，支持京东如此庞大的销售与物流体系的技术核心是什么呢？

从移动社交、智能硬件到O2O、互联网金融，每一个新兴热门领域都有各互联网大佬的身影。京东作为后起之秀是如何追赶前辈，同时保证不被后来者“秒超”的？京东是如何进行投资与并购的？

京东金融是京东集团打造的“一站式”在线投融资平台，以“成为国内最值得信赖的互联网投融资平台”为使命，依托京东集团强大的资源，发挥整合和协同效应优势，将传统金融业务与互联网技术相结合，探索全新的互联网金融发展模式，致力于为用户提供安全、高效益、定制化的金融服务，让投资理财变得简单快乐。京东金融业务包含五部分，分别是供应链金融、消费金融、京东理财、京东支付、京东众筹。

作为中国最受消费者信赖的电子商务网站之一，京东不仅通过在技术、产品、物流等方面的持续创新，有力推动了中国电商行业的发展，还设立了社会责任部，并在其他各部门及区域设立了企业社会责任联络员，从而全方位推动京东的企业社会责任工作。为践行“让生活变得简单快乐”的企业使命，京东建立了“五为”社会责任体系，勇于向用户、合作伙伴、员工、环境和社会承担应有的责任。

2004年，京东开始做电商的时候，总共是36名员工，截至2015年12月31日，京东已拥有近11万名正式员工。那么，京东是如何将所有员工凝聚在一起的呢？本章内容主要介绍京东如何做好员工管理。

导读　在纳斯达克上市——京东开启新篇章

2014年5月22日上午9时，京东集团翻开了它新的一页，也是“互联网+”时代新的一页——京东集团正式在美国纳斯达克挂牌上市。刘强东担任京东董事局主席并敲响了上市钟。与此同时，美国也迎来了中国最大的赴美IPO企业——京东。京东开盘价为21.75美元，较发行价19美元上涨14.47%，并且开盘之后一路上涨，按此计算，截至2014年5月23日，京东市值为260亿美元，成为仅次于腾讯、百度的中国第三大互联网上市公司。

京东，“互联网+”的践行者

在2015年“两会”期间的政府工作报告中，“互联网+”的概念备受关注。马化腾认为：“‘互联网+’是以互联网平台为基础，利用信息通信技术与各行业的跨界融合，推动产业转型升级，并不断创造出新产品、新业务与新模式，构建连接一切的新生态。”

京东也顺应潮流，成为“互联网+”的践行者和开拓者，推出了自身的“互联网+”计划，即618大促销间的超级“码”利项目。超级“码”利项目已经涵盖华硕在内的30多家线下门店　在京东蓝色港湾JD SPACE智能娱乐体验店也已投入使用。

截至2015年6月30日，京东在全国范围内拥有7大物流中心，在44座城市运营了166个大型仓库，拥有4142个配送站和自提点，覆盖全国范围内的2043个区、县，且全部自营。未来，京东将会与众多品牌商的线下门店展开合作，将用户在该渠道鲜少见到的产品用二维码的方式入驻线下门店，客户只需扫一下门店提供的二维码，即可在京东的网站上轻松购物。这样不仅给消费者带来了正品、低价的购物体验，也有助于品牌渠道商减少囤货风险，丰富备货品类，建立更高效的采购链条，走上线上线下融合的“互联网+”之路。

“互联网+”大潮下京东将与传统行业实现共赢

在2015年3月5日上午十二届全国人大三次会议上，李克强总理提出的“互联网+”概念引起热议，传统行业如何拥抱互联网、如何借助互联网转型升级，甚至企业家如何不再陷入焦虑，都成了备受关注的热点话题。

作为最早的“互联网+”的实践者和开拓者，刘强东在2015年3月29日上午的一场主题为《互联网思维与商业的本质》的跨界对话中表示：“京东的‘互联网+’经济形态体现在多方面，早在2014年年初，京东即推出了JD+计划，旨在打造开放的智能产业生态链。”

一年多以来，京东已推动一批创业企业和传统硬件制造企业的发展，促使它们“驶入”智能领域的“快车道”。京东借助云平台等技术资源促进传统制造企业智能化的发展，并且还将进一步加大力度。2015年，刘强东进入二次创业，探索出O2O方面的“拍到家”应用，并已全新上线。“拍到家”应用与超市、商场、鲜花店等实体店合作，通过技术和系统向周边消费者提供2小时生鲜、水果、鲜花等商品的配送服务。借助京东的平台，传统的实体店也加入电商销售的大本营，接触到新兴的网络消费群体，扩大了销售的规模。

此外，京东在2015年大力推进电商进农村，通过与三到六线城市的线下IT数码或家电零售店面合作，以“京东帮服务店”的形式帮助传统零售店面向电子商务综合服务型企业转型。

未来，互联网无疑将渗透到社会经济生活的方方面面，包括制造业等传统行业都将与互联网进行深入结合。在这一发展进程中，京东作为“互联网+”的成功实践者，将依托其互联网与零售的混合基因，以及京东在互联网金融、移动、智能、大数据等领域的优势资源，带动更多的传统行业在互联网时代转型升级。京东将在更多的领域与传统行业合作，并实现共赢，为新时代下的经济发展注入新的活力。

为什么不是别人，是刘强东

“每个人都像沙漠里的一粒沙子。京东过去十几年取得了很大的成功，并不是我有什么特别之处，我不过是中国千千万万个普通人中的一员，只是我比较幸运而已。”

刘强东生于贫困家庭，1992年，毕业于宿迁中学，同年8月底，以高分考上中国人民大学。1996年，刘强东从社会学系毕业，进了一家外资企业，工作了2年，历任电脑担当、业务担当、物流主管等职，积累了一定的工作经验。大概从那个时候起，就为他的电商事业奠定了基础。1998年6月18日，刘强东在中关村创办京东公司，代理销售光磁产品，并担任总经理，后来复制国美、苏宁的商业模式经营IT连锁店。2003年，京东公司的IT连锁店已经发展到10多家，但是京东公司迎来了自己的危机——“非典”，“非典”期间全城戒备，给京东公司带来了不小的冲击，京东公司被迫歇业。之后，刘强东通过1年的时间尝试以线上和线下相结合的模式经营产品。

2004年，刘强东初步涉足电子商务领域，创办“京东多媒体网”（京东商城的前身），并出任CEO。2005年，刘强东痛下决心，关闭门店，开启了电商模式。2005年6月之后，京东已全是线上业务。2009年，他再次入学，就读中欧国际工商学院，同年，他获得《创业邦》“2009中国杰出创业人物”称号。2010年，刘强东成为国内首家销售额超过百亿元人民币的网络零售企业的创办者，11月5日，他在“创新十年”评选活动中获得“未来十年新经济人物”称号。2011年12月，刘强东出席2011年度华人经济领袖盛典，并获得“2011年度华人经济领袖”称号，12月12日，他获得“第十二届中国经济年度人物”称号。

2012年，刘强东入围“亚洲25位最热门商界人士”；同年3月，刘强东入选《财富》（中文版）2012年“中国最具影响力50位商界领袖”，排名第21位；同年5月，刘强东入选《财富》（中文版）2012年“中国40位40岁以下的商界精英”榜单，并位居榜首；同年5月，刘强东荣登2012年“胡润少壮派富豪榜”，并成为江苏首位上榜者。

2013年，刘强东担任第十二届上海市政协委员，接着游学哥伦比亚大学。

2015年，刘强东入选“2014中国互联网年度人物”；同年3月27日，刘强东首次入选《财富》“全球50位最伟大的领导者”。

纵观刘强东的发家创业史，精彩程度不亚于一部仗剑江湖的武侠小说，京东的成功与刘强东杀伐决断的能力不无关系。

刘强东作为京东的掌门人，实至名归。

相关链接 》

刘强东身价达60亿美元，源于做对了8件事

刘强东到底是怎样发现价值、创造价值，最后成为百亿富翁的呢？

1998年6月，刘强东看到了科技产品销售的红利，在中关村创办京东公司，代理销售光磁产品，通过这种方式，赚取了第一笔可观的财富，为日后的发展奠定了基础！

2004年，刘强东看到了电子商务广阔的发展前景，放弃之前的连锁电器业务，转而开始在网上销售3C电器产品，成为一家专业的电子商务公司即京东商城，此时的淘宝，也仅仅成立1年！

2007年，电子商务行业竞争开始加剧，刘强东率先看到了客户绝大部分的抱怨来自于送货服务，为了确保京东能够具有领先同行的购物体验，京东开始构建自己的仓储物流快递体系，并于同年7月，建成北京、上海、广州三大物流体系，总物流面积超过5万平方米，这一超前的战略，确保了京东未来10年的送货优势！

2008年，刘强东敏锐地看到了京东提高客单价的潜力，于是开始丰富自身的产品种类，并开启了京东全品类的扩张，很快完成向电视、空调、冰箱、洗衣机等大家电产品线扩充，最终促使京东成为一个全品类购物平台。

2010年，刘强东为了挖掘供应链的价值，进一步丰富了京东商城的产品种类，如今，开放平台已吸引了超过3万家优质商家入驻，产品涉及服装鞋帽、首饰个护、运动健康、母婴玩具、食品酒饮、家具家装、汽车用品及虚拟产品等，每年为京东创造了大量的利润。

2014年3月，京东接纳腾讯的投资（2.14亿美元+QQ网购+C2C拍拍网+众多流量入口），此次合作，使得京东获得了包括微信、手机QQ、微店、腾讯网等在内的多个移动购物入口，确保京东从PC向移动端互联网的成功转型。

2014年5月，刘强东抢先马云一步，在美国纳斯达克上市，上市首日股价大涨14.47%，并成为仅次于腾讯、百度的中国第三大互联网上市公司。

2015年，京东开始向金融、O2O、智能电器、旅游等诸多方向发展，并努力寻找京东于下一个10年持续增长的业务，确保了京东能够持续增长，京东的市值也一路高涨，达到了500亿美金。

第一章 京东在美国上市

导言：

“我们用了10年，从北京走到纽约，到了纳斯达克。但是我们还有很长的路要走。感谢京东人的付出。”京东在成功登陆纳斯达克之时，刘强东如是说。

第一节　京东在纳斯达克正式挂牌上市

2014年5月22日，京东集团正式在美国纳斯达克挂牌上市，股票代码为JD，京东董事局主席刘强东敲响上市钟。当日上午京东以21.75美元的价格开盘，对比19美元的发行价涨幅达到14.47%，公司市值达到297亿美元，京东由此成为仅次于腾讯、百度的中国第三大互联网上市公司。京东集团也是截至当日中国公司在美国资本市场规模最大的IPO。

据了解，随京东赴美上市的包括京东商城集团、京东金融集团、拍拍网和海外事业部。京东创始人刘强东担任京东集团CEO，沈皓瑜出任京东商城CEO，陈生强担任京东金融负责人，原华为终端电子商务部总裁徐昕泉出任京东海外事业部负责人，京东开放平台事业部总经理蒉莺春为拍拍业务负责人。

图1-1　京东上市，纳斯达克“送金牛”

刘强东身价达60亿美元

随着京东集团的成功上市，京东创始人刘强东的个人财富也随之暴增。京东招股书显示，刘强东本人持股比例为18.8%，以此计算刘强东身价高达近60亿美元。

到2015年5月，IPO一年有余，京东继续保持了高速、稳健的增长。2015年第一季度最新业绩显示，京东交易总额（GMV）为878亿元，同比增长99%，达到行业平均增速的2倍以上。刘强东作为京东最大的股东以及掌门人，身价更是高涨。

【拓展阅读】京东上市后巨亏50亿元，36.7亿元进了刘强东腰包

京东上市后巨亏50亿元，36. 7亿元进了刘强东腰包

2013年年底，经历多年烧钱的质疑后，京东曾一度扭亏为盈，让人们看到全面盈利的曙光，但2014年的账面数字，又让京东陷入争议之中，京东到底是亏是盈？

亏损50亿元，乍看之下京东财报非常难看。2013年京东亏损5000万元，当年第四季度还实现了盈利。对于净亏损扩大，京东表示，主要是由于股权奖励增加，以及与腾讯战略结盟产生的资产和业务收购所产生的无形资产摊销。

根据京东招股书披露的信息，股权奖励部分主要涉及创始人兼CEO刘强东。2014年第一季度，京东上市前夕，董事会曾经给予刘强东36.7亿元规模股权激励，导致京东当季亏损规模达到37.95亿元。

该季度亏损也是京东全年亏损最大的部分。在随后几个季度，京东净亏损额度分别为5.8亿元、1.6亿元和4.5亿元，后三个季度的亏损，基本都是与腾讯合作产生无形资产摊销。

“目前的亏损，实际上是会计账目上，按照美国会计准则来进行的处理，与公司基本业务运营并没有太大关系。”京东相关人士表示，按照美国会计准则，与腾讯合作的流量支持、不进入电商领域承诺等都要计算成支出。

如果按照非美国会计准则，京东实际上已经连续两个季度实现了盈利，2014年净利润为8380万元。

与此同时，多项业务指标显示，京东过去的业绩和预期业绩都超出了华尔街的预期。京东2014年第四季度营收为56亿美元，同比增长73%。华尔街预期为53亿美元。

由于业绩超出预期，目前已经有多家投行上调京东目标股价。其中，摩根士丹利银行维持京东“增持”评级，并将其目标价格由34美元上调至37美元；瑞士银行则维持“持有”评级，目标价格从27.4美元上调至31美元。截至2015年3月4日收盘，京东收盘价为27.72美元。

相关链接》》

京东大事记

- 1998年6月，刘强东在北京中关村创立京东
- 2004年1月，京东涉足电子商务领域，京东多媒体网正式开通，启用域名www.jdlaser.com
- 2007年6月，正式启动全新域名www.360buy.com，京东多媒体网正式更名为京东商城
- 2007年7月，建成北京、上海、广州三大物流体系
- 2008年6月，上线电视、空调、冰洗等大家电产品线，完成了3C产品的全线搭建
- 2010年12月，京东开放平台正式运营
- 2012年10月，收购第三方支付公司网银在线，正式布局支付体系
- 2013年3月，域名正式更换为JD.COM，并推出名为“Joy”的吉祥物形象
- 2013年7月，“亚洲一号”上海物流中心（一期）完成建筑结构封顶
- 2014年3月，与腾讯达成战略性合作，收购腾讯部分电商业务和资产
- 2014年4月，京东进行组织架构调整，设立两个子集团公司、一个子公司和一个事业部。分别为：京东商城集团、金融集团、拍拍网和海外事业部
- 2014年5月，京东在纳斯达克挂牌上市

京东上市将重塑社会商业模式

在京东之前，有国内最大的化妆品垂直电商聚美优品登陆纽交所，在京东之后，则有更凶猛的电商巨无霸阿里巴巴整体上市。在2014年，培育多年的中国电商绩优股们基本上都已经成功上市。

而这股浪潮带来的冲击波，还远远不是股价和市值所能全面反映的。可以看到的是，整个零售产业的商业模型从此都将会被重塑。

电商上市，传统零售式微

完成上市后的电商们的市场占有能力将会更强，实物商品卖到一定规模后，其本身汇聚的庞大的用户资源、衍生出的信息资源，均可以作为服务资源、商品资源进行开发和销售。京东的SKU数已超过4000万，阿里巴巴更是其数倍，这是任何一家单体商贸零售企业都不能比的。商品的毛利率通常不超过10%，而电商形成的服务和商品的毛利率则通常超过70%。

在规模优势带来的加速度下，由于传统零售业缺乏将信息资源转换成商品的网络技术平台和规模优势，其规模组织能力将会因此变得更差。

【拓展阅读】从京东财报看零售业改天换地

从京东财报看零售业改天换地

2015年3月3日，京东发布了一份靓丽的财报，2014年实现净收入1150亿元。苏宁云商2015年2月28日发布的业绩快报公告显示，苏宁2014年全年的营业总收入为1091.16亿元，已经被京东赶超。这也意味着，中国“零售之王”易主，京东成功登顶。

京东之所以能够登顶，关键还是互联网的力量、电子商务的力量。2014年京东的净收入增长了66%；而同一时期苏宁仅仅增长了3.63%，其中线上业务只占到了24%，线上业务的高增长仍然无法抵消线下业务萎靡不振造成的亏损。

转眼之间沧海变桑田，互联网对于现实世界的改变速度远远超出了我们的想象。如今，还有多少消费者去实体门店购买3C和家电？他们不仅习惯于在互联网上购买3C和家电，还习惯在互联网上购买衣服和生鲜食品。依靠更好的用户体验，电商正在赢得越来越多消费者的青睐，并取得对线下零售业的压倒性优势。而在未来，随着生活服务与互联网的结合越来越紧密，新的O2O形态还将继续改变线下的服务业。

那么，登顶的京东能否保持持续、稳定、健康、高速的增长呢？让我们看看它的各项数据：

先看零售行业更看重的数据——交易总额（GMV）。2014年，京东的全年交易总额达到了2602亿元，同比增长了107%，远远跑赢了大势。根据艾瑞咨询的统计，2014年中国网络购物交易市场的增长率为48.7%，也就是说，京东的增速是行业平均水平的2倍以上。

如果我们再仔细按照季度来分析的话，京东2014年四个季度的交易总额分别为441亿元、630亿元、673亿元、858亿元，同比增长分别为84%、107%、111%、119%，环比同样也是保持了高速增长。

京东GMV的高速增长主要来自哪些方面呢？我们还是要从分类中找答案。2014年，京东的自营GMV为1593亿元，同比增长了70%，表现仍然非常稳健。与此同时，京东第三方平台业务的GMV也突破了千亿元大关，达到了1009亿元，同比增长了217%。与之相对应的是，京东传统的领地也就是家电3C业务GMV同比增长了78%，而日用百货及其他产品的GMV同比增长了158%，增速是家电3C业务的2倍以上。

从财报中我们可以发现：京东早就不仅仅是家电3C零售商，它正在成为覆盖全品类的综合零售商；京东也不仅仅是自买自卖的自营型零售商，它正在成为自营和与第三方商家合作的平台型零售商。2014年，京东向众多的第三方商家敞开了大门，欢迎它们到京东平台上开店。截至2014年12月31日，京东第三方平台已经有6万家商家入驻，进一步丰富了京东的商品种类。

同时，在财报发布当晚的电话会议中，京东集团创始人兼CEO刘强东表示，京东的第三方平台会延续其文化——对假货持零容忍的态度，且对试图在京东的第三方平台上卖假货的商家进行重罚和清退。因此，商家数量的扩张会比较慢，远远未能像某些平台那样声称已有数百万卖家。从刘强东的回答中不难看出，京东将坚持差异化定位，走自己的路。

在互联网行业最为看重的用户层面，京东干得也不错。2014年京东活跃用户数激增至近亿个，达到9660万个，同比增幅达104%。在吸引到更多用户的同时，转化率又如何呢？2014年京东全年完成订单量达到6.89亿个，同比增长了113%，同样也表现不错。

更让人惊喜的是，京东的移动订单占比增长迅速，2014年第二季度的时候京东的移动订单占比还只有24%，而到了第四季度，移动订单占比已经上升到了36%，对于一家客单价仍然高达378元的电商来说，这样的移动订单占比已经属于难能可贵。

究其原因，是因为京东在2014年除了大力发展京东APP以外，还启用了包括微信、手机QQ、微店等在内的多个移动购物平台，广泛而深入地接触到了包括三到六线城市用户在内的更多用户群体，来自这些区域的用户数量大幅增长，加上营销活动的向下渗透和物流覆盖的迅速扩展，京东在移动端的订单履约能力不断加强，在移动端发力成效显著。

当然，如果你是京东的投资者，你也会非常关注京东的盈利状况。根据《美国通用会计准则》（US GAAP），京东2014年仍然亏损了50亿元，亏损的主要原因是股权激励费用以及与腾讯战略合作涉及的资产及业务收购所产生的无形资产的摊销费用。

而更能反映京东运营情况的是《非美国通用会计准则》（*NON-GAAP*），按照这个来计算的话，京东2014年实现净利润3.627亿元，过去2年也一直都是盈利的。

一般来说，毛利率这个指标能够很好地反映一家公司的成本控制和管理能力。2014年四个季度，京东的毛利率一直保持稳步上升，从第一季度的10.0%上升至第四季度的12.7%。对于“毛巾里拧水”的零售行业来说，提升2.7个百分点的毛利率实属不易。而由于京东有着相当大的规模，因此能够“挤出”足够的利润空间。

人效指标引领电商指标体系

国内大型电商平台，诸如京东、当当、国美、苏宁、唯品会、聚美优品、麦考林等全部完成上市之后，将进一步拉高从业人员的平均薪酬，加之以价差为主的毛利率无法反弹，人均年销售额200万元将成为网络零售行业的竞争起步门槛，否则无法形成集约效应，传统零售业在店铺时代奉为圭臬的坪效指标，将全面被人效指标所替代。

即使如此，与美国的亚马逊相比，中国电商业的人效指标依然偏低。根据公开数据测算，亚马逊的人效指标超过400万元，中国已经上市的电商平台的人效指标不少在300万元上下，而垂直电商的多数还处于百万元以下，传统零售商的则更低。

基于以人效指标为龙头的指标体系，零售业和服务业的竞争力模型将会在未来几年内重新建立。

【拓展阅读】京东高居零售业30强榜首

京东高居零售业30强榜首

电商发展势头有多猛？除了琶洲出让的靓地被电商巨头一扫而光之外，在广州商业总会日前发布的广州零售30强企业排行榜中，2014年销售额最高的头两位均是电商——京东商城的经营企业广州晶东贸易有限公司居榜首，2014年销售额为276.25亿元，唯品会以192.08亿元居第二位。

与电商的高唱凯歌相比，百货企业的下行压力较大，部分企业交易额同比下降，超市的交易额2014年也只是微增。

1. 京东及广百年交易额相差162.76亿元

商业总会第三年发布该榜单，京东已是第二年位居榜首。据统计，2014年度广州零售30强企业销售总额达1137.86亿元，同比增加27.9%，京东销售额占上榜企业销售总额的24%。

与2013年榜单相比，2014年上榜企业变化不大，前三位中只有广百和唯品会调了个位置。广百以113.49亿元排名第三。

30强企业中，入选的电商企业仅5家，占企业数量的13.3%；但5家电商企业销售总额为520.51亿元，增长了72.5%，占30强企业销售总额的45.7%，也是各业态中销售总额占比最大的业态。值得关注的是，电商销售额与传统零售企业销售额在拉大差距，数据可见，第一位的京东年销售额比第三位的广百多了约162.76亿元，而2013年两家企业只相差约37亿元。

2. 百货下行压力大

2014年上榜的百货企业有7家，占30强企业总数的23.3%，上榜百货企业销售总额为214.77亿元，占30强企业销售总额的18.9%；超市/仓储式商场上榜企业有6家，占30强企业总数的20%，销售总额为242.82亿元，占30强企业销售总额的21.3%。

从具体企业来看，根据广州商业总会发布的历史数据，广百2013年交易额为114.2亿元，而2014年，广百交易额仅为113.49亿元，下降了7100万元。另一家百货巨头广州友谊集团股份有限公司2014年的销售额也从2013年的47.7亿元降至39.2亿元。广州王府井百货有限公司的销售额从2013年的8.1亿元跌至2014年的6.5亿元。此外，超市、大卖场2013年的交易总额仅是微增。

在食品企业方面，拥有多个老字号食品品牌的广州岭南国际企业集团有限公司2013年零售部分交易额为46.1亿元，2014年下降至15.97亿元。广州酒家2014年比2013年销售额增加约8000万元。

分析指出，百货、超市等传统零售企业下行压力大，但市场潜力也大。2014年广百、友谊、摩登百货等企业先后宣布发展跨境电商业务和O2O联动模式，力求在线上争取更大的销售额。

电商的第三轮模式创新

继2008年之前的B2B信息服务高潮之后，2014年网络零售巨头先后上市，摆脱生存危机之后，整个行业新一轮大创新的必要性十分显著。生鲜农产品、世界商店、网络品牌、B2B交易、垂直电商都有可能出现新英雄，生活服务业与移动电商结合的领域也将出现年销售额激增的杰出企业。

与互联网前些年疯狂出现的视频、游戏、娱乐、资讯服务等行业不同，电子商务由于与商品流通、服务业、基础设施、日常生活的结合更紧密，其带来的社会化效应和经济效应在过去是被低估的，这与零售业在中国文化价值观中的地位一直较低有关。而一批依靠技术驱动重塑零售模型的明星企业走向成功，一批杰出的由商业和科技相结合产生的明星企业走向成功，或许将使这一传统有所改变。从这个意义上说，电子商务或许还承担了从局部重塑社会价值观的文化功能。

第二节　京东上市后的发展与布局

京东上市后的新业务创新

六大业务板块

上市一年来，京东集团无论对组织架构还是业务板块都进行了完善和调整。

2014年登陆美股市场时，京东下设京东商城、京东金融、拍拍网、海外事业部，这四部分业务一同赴美上市。2015年则扩展为以电商为核心的六大业务板块：京东商城、京东金融、拍拍网、京东智能、O2O、海外事业部。

京东到家

在O2O领域，京东开辟出一个全新的板块——京东到家，瞄准生鲜蔬菜等日常生活必需品，利用丰富的线上销售经验，连接社会化资源，实现了O2O社会化商品的配送、营销、服务。

2015年3月16日，京东到家上线，向用户提供3公里范围内生鲜及超市产品的配送，及代送鲜花、外卖送餐等各类生活服务项目，并基于移动端定位实现2小时内快速送达。

图1-2　京东到家介绍页截图

京东金融

京东集团CEO刘强东亲自率领O2O业务团队，并表示“很兴奋可以再一次回到业务一线，亲自带领京东O2O团队二次创业”，“再造一个京东”。

京保贝、京东白条、网银钱包、小金库、京东众筹、京小贷等创新产品，打响了京东金融的品牌。特别是2015年第一季度上线的股权众筹平台，连接创业企业和投资人，让普通网友也能为喜欢的项目投钱，提高了社会融资效率。

京东+

京东+新政策推出之后，利用渠道优势已形成了较完整的智能生态链布局。据统计，京东在售的智能产品超过500个品牌。2014年，京东智能硬件的全年出货订单量接近1000万单，销售额同比增长280%。

上市以后的京东，大力布局

京东上市一年来，向市场外展开强大攻势。

兼顾内外的典型表现之一，在于京东对移动业务的高度重视。与腾讯达成战略合作后，其开展了多种移动社交电商的创新探索，形成移动客户端、微信购物、手机QQ购物、微店的组合拳。移动业务发展进入井喷期。2015年第一季度，京东移动订单占比42%，同比增幅高达329%。

随着规模的日益扩大，上市后的京东更加不放过未来潜在的高速发展机遇，依靠投资并购迅速切入多个全新的垂直领域。

相比BAT（百度公司、阿里巴巴集团、腾讯公司三大巨头首字母缩写）三大巨头在投资领域的丰富经验，京东投资部门组建于2013年年底，在上市之后才开始发力。此前，较知名的收购案仅有第三方支付企业网银在线一桩。但一年多来，京东已投资了易车、途牛、天天果园等企业，并成为易车、途牛两家上市公司最大的股东。

目前，京东在投资方面的逻辑已非常清晰，投资方向主要是围绕主业，投资泛电商、互联网金融和智能硬件等领域，且主要是选择行业中最优秀的合作者合作。

京东兼顾内外的典型表现之二是一面发展农村电商，一面加速国际化进程。

经历了2014年的集体“下乡刷墙”，加之国家政策的扶持，各大电商巨头开拓农村市场的战略开始提速。2015年真正成为中国农村电商的元年。截至2015年5月4日，京东已在全国22个省（区）的200个市、县成立了200多家县级服务中心，京东帮服务店也已突破500家。

同样是在2015年，京东开始全面推进“全球购”，以开设国家特色馆的方式布局跨境电商业务。目前，京东已开设了法国馆、韩国馆和日本馆，未来京东将陆续开通澳大利亚、美国及欧洲多个国家和地区的国际化地方特色馆。

腾讯投资京东：2个月捞37亿美元

腾讯在2014年3月初以2.14亿美元购买了京东15%的股份。京东上市后，原第三大股东腾讯从351678637股追加至489693357股，占比为17.9%。如减去IPO同时增持的5%京东在外流通的普通股，可溢价的持股比例为12.9%。

按照京东上市开盘价为21.75美元计算，京东市值接近300亿美元，腾讯所拥有的12.9%的股份将升值为38.7亿美元，短短2个月的时间里，腾讯赚了36.56亿美元，折合人民币约228.3亿元（当然，这只是账面上看到的收益）。

不过，在投资京东的同时，腾讯也基本上将自己的电商业务“卖”了出去。2014年3月媒体曝光的腾讯、京东合作协议显示，京东将收购QQ网购和拍拍网100%的权益、物流人员和资产，以及易迅网少数股权，因此在这笔交易中，腾讯付出的资源代价也不小。

图1-3　腾讯投资京东

【拓展阅读】京东牵手腾讯赚大了

京东牵手腾讯赚大了

2014年3月10日，京东正式拿自己的股份买了腾讯的入口，在BAT的竞争中站队。一年后的今天，读一读京东2014年财报你就会发现，一年前京东的那个决定赚大了。

“易迅难整合”“价格太高”“费用大，微信及手机QQ入口太贵”等很多当时不看好的理由其实都没有错，易迅的团队大量流失，腾讯的移动入口一直没有太好的GMV贡献，而买腾讯电商业务的无形资产摊销直接导致了2014年京东的亏损。但比起收获来说，这些都不值一提。

下面列出三个没有腾讯入股，京东就不可能发生的变化。因为物流之类的属于京东持续的战略，不算腾讯的增量，因此没有列入其中。

一、活跃用户数翻倍增长，和阿里巴巴之间的“天坑”填了一半

虽然京东早坐稳了仅次于阿里巴巴电商老二的位置，但差距一度是令人绝望的。从2014年两家公司上市以来，一些数据终于有了可信的渠道。GMV和盈利能力暂且不说，从根本上讲，活跃用户的差距就十分巨大，京东几乎难以追赶。2013年第四季度，阿里巴巴活跃用户为2.31亿个，是京东（4730万个）的近5倍。而很明显，京东在一二线城市的渗透率已经比较充分，扩展新用户成本很高。但在2014年年底，阿里巴巴的活跃用户是3.3亿个，京东已经追到了9660万个，接近阿里巴巴1/3的比例。

上了规模后，用户的自然增速为50%就算极佳，超过的部分，就是微信入口、手机QQ入口的价值。而且，这样的结果，其实是半年的效应。2014年3月宣布入股，之后是重组和磨合期，微信入口是6月底才上线，而手机QQ的入口上线更晚。2015年，京东继续发酵入口的新用户吸引能力，京东已在2015年年底将活跃用户数追至1.55亿，阿里巴巴活跃用户数4.07亿，京东与阿里尚有差距。

更大的价值不在绝对数，而在新用户分布。京东商城CEO沈皓瑜在财报分析师会议上解释，微信和手机QQ来自低线城市的用户比例更高。虽然之前京东就开始了三至六线城市的全国大篷车推广活动，也开始了村镇网点的计划，但生效速度远没有手机QQ来得快。另一个分析需要注意的是，在三至六线城市，手机

QQ的覆盖率和活跃度是高于微信的。

二、估值从80亿美元升到380亿美元

上市前看估值，上市后看市值。京东的估值从2013年年底的80亿美元，到2014年3月11日的157亿美元，中间接近1倍的增长，来自腾讯的入股。

京东2014年5月的IPO，19美元的上市价格，京东市值为260亿美元。到2015年3月3日收盘，京东的股价停在了每股27.53美元，市值为380.4亿美元，其股价2015年3月3日晚也一度冲破29美元，市值超过400亿美元。

为什么说市值的增长和腾讯不无关系？2014年2月，京东开始路演，多次遇冷，不断亏损和持续市场化并没有让投资者看好京东上市的价格。而到2014年5月，拿下腾讯投资后的京东在香港启动IPO首次路演时，一路受到追捧。登陆美国纳斯达克当天，纳斯达克CEO也将为交易所的象征“铜牛”揭幕的资格给了刘强东，差别明显。

对于京东这样一直行走在亏损和盈利平衡木上的企业，估值的重要性，就在于可以不断融资补充弹药。2014年年底，京东账上现金及等价物超过300亿元人民币，是2013年年底的2倍多。只有这样的资本，刘强东在物流和金融等领域的投资战略才能大胆执行。

三、毛利率改善，初步具备规模化盈利能力

乍一看，2014年这家知名的亏损企业继续亏损，而且亏损了50亿元人民币。但除去刘强东那笔6亿美元的奖励、买腾讯电商的无形资本摊销，依据*Non-GAAP*（《非美国公认会计准则》）计算，京东在华尔街分析师预测亏损的情况下居然赚钱了。

财报数据一大堆，只看最有意义的，盈利与亏损的核心，在于毛利率高于费用+运营成本。在过去4年，京东的费用和运营成本一直保持100%的绝对增速，但这都是基于接近100%的营业额增速，按占比来看，京东的费用和运营成本保持在10%～12%，也就是说，毛利率高于这个值，就能赚钱。

从2012年第一季度毛利率为7.5%开始，京东不断提高，到2013年第一季度（上市前冲盈利）毛利率达到了10.7%，一度实现收支平衡，2014年的四个季度，毛利率分别是10%、11%、12.2%、12.7%，最后一个季度，创了新高。2015年只要京东保持这个毛利率，盈利就不再遥远。而因为京东GMV的总量已经相当高，1个点足以达成规模化。

多说几句毛利率持续改善的三个关键点：

（1）第三方平台贡献GMV超过50%。

（2）非电子家电产品贡献GMV比例从2014年的35%，升至45.9%。

（3）广告、金融等新兴业务增长率均超过100%。

如果上面一段话不够直观，那你只需要明白，这些业务的毛利率都比京东起家的计算机、手机的毛利率高太多，业务的比例越大，整体越赚钱。

毛利率提升和腾讯入股的关系是什么？腾讯的入股，实际上给京东挂上了一层和以前完全不同的面纱，京东成了一个后端无差别电商购买平台的角色。京东一直想提升女性消费者数量、想多卖服装，腾讯帮助它实现了这一梦想。真的，2014年间，有多少从腾讯新闻、微信、手机QQ、弹窗上看到购物消息就直接下单，直到收货时才知道是从京东上购买的消费案例。

高瓴资本——京东背后的超长期投资者

如果回顾京东由纯电商轻模式向线下偏重模式的转型过程，会发现其真正的触发始点是2010年那笔近3亿美元的注资，这也是早期互联网投资中单笔投资额最大的一单。而在当时，敢于下重注的是在一级市场很少出手的高瓴资本。

由于高瓴采用常青式的模式，可以提供最长线的资本，因此完全有能力支持一个公司10年、20年，甚至30年的战略发展。这与很多投资公司到了某一时间点就会有退出的压力或要求公司下一季度就要盈利有很大的不同。这样一种合作关系与其说是投资者与被投资企业关系，不如说是长期创业伙伴关系。张磊说过，高瓴投资理念的最核心之处在于寻找到具有伟大格局观的坚定实践者。而创业型企业家的伟大格局观的养成离不开背后像高瓴这样的与其长期相伴的投资者的引导，这种引导能帮助企业家培养长期心态，推动他们为社会创造更多价值，而不仅仅考虑赚多少钱。京东能成功从某种意义上讲是因为有高瓴资本这类长期投资理念的引导。

股东赚翻了：老虎基金账面回报47亿美元

在京东IPO后，创始人刘强东持股变更为20.72%，老虎基金持股15.81%，按照开盘价21.75美元核算，京东的市值为300亿美元。以此推算，对老虎基金的回报高达47.43亿美元。

从2007年京东引入今日资本首批千万美元融资起，截至上市前，已融资超过26亿美元，获得超过10家投资机构资金支持。这些股东在经过最多长达7年的守候之后，终于迎来了丰厚的回报。

【拓展阅读】京东上市之初的股权分配

京东上市之初的股权分配

京东上市之初，根据招股书显示，刘强东名下的Max Smart Limited持股18.8%，成为第一大股东。其他大股东为：

老虎基金持股18.1%，拥有3.7%的投票权；

腾讯持股14.3%，拥有3.7%的投票权；

高瓴资本旗下的HHGL 360Buy Holding，ltd持股13%，拥有2.3%的投票权；

DST全球基金持股9.2%，拥有1.6%的投票权；

今日资本旗下的Best Alliance International Holdings Limited持股7.8%，拥有1.4%的投票权；

刘强东名下的Fortune Rising Holdings Limited持股4.3%，拥有16.1%的投票权；

雄牛资本旗下的基金Strong Desire Limited持股2.2%，拥有0.4%的投票权；

红杉资本持股1.6%，拥有0.3%的投票权；

其他股东因持股比例低于1%，招股书中未列出。

上述企业中，刘强东名下的Max Smart Limited和Fortune Rising Holdings Limited投票权加起来总共为83.7%，这意味着刘强东可以牢固掌控京东的发展方向。

沙特王国出资25亿元：王子称为巩固与中国的战略关系

沙特亿万富翁阿尔瓦利德王子（Prince Alwaleed）控股的王国控股集团（Kingdom Holding Co.）于2013年2月16日宣布，王国控股集团已出资15亿里亚尔（约合25亿元人民币）购买中国网络零售商京东商城的股权。

据了解，沙特王子阿尔瓦利德·本·塔拉尔（沙特国王阿卜杜拉的侄子）持有95%的王国控股集团股份，他不仅是个亿万富翁，还是个经验丰富的投资人。他曾投资推特、亚马逊、AOL/Time Warner、苹果、花旗集团、可口可乐、eBay、四季酒店、福特、麦当劳、Priceline、宝洁、迪斯尼，并斥资12.3亿美元在吉达建设世界最高的大楼。

王国控股集团在其网站中表示，京东商场是中国领先的家电网络零售商。王国控股集团在声明中引用阿尔瓦利德王子的话说："我们的交易巩固了沙特阿拉伯与中国的战略性关系。"

京东试水股权众筹

在这个全民创业的时代，投资显然也将随势成为全民性的。P2P之后，有人将2015年命名为股权众筹行业主流化"元年"。

2015年4月，股权众筹行业最惹眼的莫过于京东金融的入局，巨头们入局后的股权众筹行业会怎么变化呢？一位股权众筹业内人士说："除了主流化，呈地域性集中将是股权众筹行业发展的趋势。"

图1-4　京东众筹首页截图

从模式上来看，股权众筹的方式包括私募与公募，而京东目前做的是私募。京东股权众筹采用的是“领投+跟投”模式，即在众筹过程中由一位经验丰富的专业投资人作为领投人，众多跟投人选择跟投。在领投人的门槛设定上，京东股权众筹的要求为：收入不低于30万元；金融机构专业人士；金融资产在100万元以上；专业VC（满足其一即可）。

第三节 京东PK阿里巴巴

中概股“电商军团”

多年以后，当刘强东回顾“电商编年史”时，准会想起2014年他去美国纳斯达克敲钟时的那个清晨。

电商史上没有哪一年比2014年更应该被深刻铭记，至少到现在是这样的：聚美优品、京东、阿里巴巴在这一年接踵登陆美国资本市场。这一年，国内已经有7家B2C型电商企业圆了“上市梦”。

相比5年前电商第一股麦考林的弱不禁风，京东、阿里巴巴个个膀大腰圆、来势汹汹。在投资者眼里，它们是最后一波“平台故事”的硕果，是黄金期、涨潮期的宠儿，但身后也是万丈悬崖——7家公司中超过一半不盈利是不争的事实。

这也让业界不由得心生疑虑：上市成功之后，平台电商是否会为了在二级市场继续把故事讲得动听，而让商家贡献更多利润？

粗略计算，上述7家上市电商公司的总市值已接近2000亿美元，这几乎是一支可以闯入硅谷并肆意横行的“军队”。单是独当一面的阿里巴巴，其市值就有望超过Facebook。

【拓展阅读】“电商军团”：平台模式收割期开始

“电商军团”：平台模式收割期开始

当当网曾是冰火两重天的典型代表，从发行价17美元，最高时一路暴涨到32美元，作为当时唯一盈利的电商，几乎书写了中国电商海外上市的资本神话。但好景不长，当当网在资本的追捧下，跟京东抢份额，跟淘宝拼规模，陷入亏损泥沼，股价险些跌穿。当当网2014年第一季度财报显示，净利润回升到200万元人民币。“但这种‘做’出来的利润，根本不值一提，好比我跟朋友借200万元，只够在北京五环边上买套房。”某位投资界大佬直言。

“京东也是一样。自营业务效率虽然很高，但长期依赖存在天花板效应，且始终未能盈利；POP虽然在增长，但前面有淘宝和天猫，日子不会太好过。”一位特卖商城类B2C电商高管如是说。

即使强悍如阿里巴巴，近来也摇晃得很厉害。有不少商家反映，天猫、淘宝的流量也开始出现下滑趋势。

“天猫管理层在2015年的战略会上，明确释放出信号，要追求品牌调性，可以忽略规模。但需要注意的是，放弃规模不代表放弃利润。”某女装品牌电商人士这样解读，天猫对零售市场的控制力在减弱，在规模增速放缓的情况下，保证利润显然是当务之急。

而来自唯品会的几家品牌商则异口同声，称“苛政猛于虎”。“唯品会从流血上市，到而今的股价百倍疯长，拐点就在于效率和毛利的提升。”一位福建男装品牌负责人说，如参加一期唯品会活动，商家要为其贡献品牌毛利的40%。

无独有偶，刚刚声称要忽略股价，把JMEI从手机的股票软件中删去的聚美优品，也被商家爆出扣点从上市前的18%悄然抬升至20%。

在商家眼里，上市的光辉并无法掩盖平台们“生意人”的本质。这并不是危言耸听。近期的一份调查问卷结果显示，阿里巴巴、京东上市后，超过六成的商家对平台各种费用、扣点的飙升感到忧心忡忡。

谁是“电商第一股”

每每谈到阿里巴巴，大约所有美国投资人的眼里都会止不住地放光。他们看重中国庞大的电商市场和其发展势能，所以会孜孜不倦地去分析阿里巴巴和阿里巴巴的对手，早就把两家电商的差异摸得门儿清了。

在中国，京东在B2C电商的市场份额中占到17.5%，阿里巴巴的天猫占到51%；同时，阿里巴巴的淘宝握有C2C电商高达95%的市场份额，而京东在这个领域根本不成气候。2013年，京东通过第三方销售所获得的GMV仅为53亿美元，而阿里巴巴通过淘宝获得的GMV却有约1837亿美元。

京东上市，无论对自身、竞争对手，还是整个电商市场来说，都会产生深远的影响。可以预见的是，京东与阿里巴巴的电商“两强”竞争愈加激烈。据易观监测数据显示，此前，天猫商城的市场份额为49.1%，京东占比为18.2%，排名第三的腾讯B2C（包括QQ网购和易迅）占比为5.8%。京东上市之前，成功牵手腾讯，腾讯旗下的QQ网购和拍拍网并入京东，京东同时还获得了易迅网的部分股份。京东在微信上的一级入口于2014年5月底开放。同时，京东在微信上开设电商开放平台京东微店，并享有三方面独有优势。易观智库分析师王小星表示，虽然目前阿里巴巴移动端的份额占有绝对优势，但是，腾讯已入股京东，京东上市后享有微信的一级入口，同时QQ也会提供流量支持，腾讯的QQ与微信的资源倾斜将给京东移动端带来无限发展空间。

最后，腾讯的入股对京东而言显然是件振奋人心的事。虽说阿里巴巴此前报出，其销售额的1/5都来自移动端，比之前的7.4%翻了2倍有余，但是现在，京东有了腾讯的微信做推手，京东跟阿里巴巴在移动端的竞争只会愈演愈烈。

【拓展阅读】京东吸引中低收入消费者，缩小与阿里巴巴的差距

京东吸引中低收入消费者，缩小与阿里巴巴的差距

英国《金融时报》旗下的《中国投资参考》2015年3月末和4月初在对近2000名网购消费者的调查中发现，尽管阿里巴巴仍保持着市场领导者的地位，但京东正在缩小与阿里巴巴的差距。

调查数据显示，有44.9%的调查对象表示经常在京东购物，同比增长8.3%，2015年第一季度环比增长7.9%。同时，有8.6%的调查对象表示京东已超过阿里巴巴的天猫成为最受欢迎的B2C电商平台，而在2014年第四季度的调查中这个数据只有0.5%。

该份调查将京东人气的攀升主要归因于其在三四线城市快速扩展的物流网络以及与互联网巨头腾讯的战略合作。

公开数据显示，京东在物流规模方面也继续领跑行业，拥有中国电商行业最大的仓储设施。截至2015年3月31日，京东在全国43座城市运营143个大型仓库，拥有3539个配送站和自提点，覆盖全国1961个区县。

而将近40%的低收入（年收入低于10万元）调查对象表明他们经常在京东上购物，同比增长9.2%，中等收入（年收入高于10万元低于30万元）调查对象同比增长达到48.2%。相比之下，中等收入、低收入调查对象经常在淘宝购物的数量同比分别下降了5.9%和2.1%。

“单单腾讯的微信及手机QQ应用就有大约10亿的用户。京东在微信和手机QQ上的促销活动，诸如在中国春节期间发虚拟红包等大大地提升了京东在价格敏感的大众消费群体中的地位，而这类消费者正是此前在淘宝购买商品的群体。”调查报告这样解释。

上市一年来，京东整体规模日渐壮大，在各个层面的数据均可印证：截至2015年3月31日，过去12个月期间的活跃用户数达到1.05亿人，同比增长90%。2014年订单量为6.89亿张，同比增长113%；2015年第一季度订单量为2.272亿张，同比增长76%。

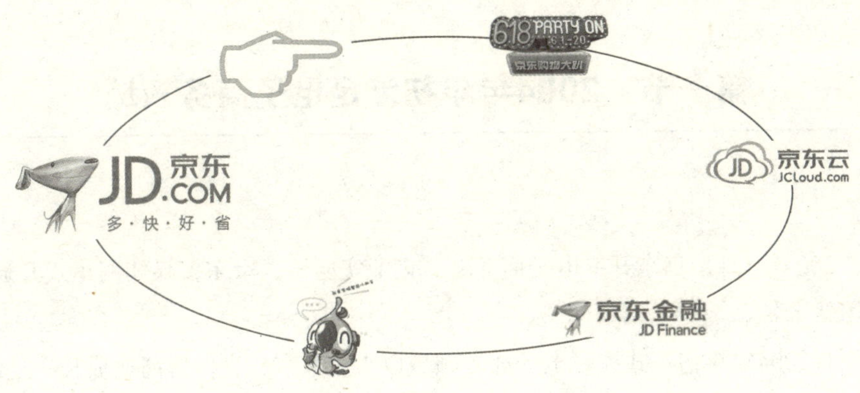

第二章 快速增长的密码

导言：

2015年8月7日，京东集团对外公布了截至6月30日的2015年第二季度财报，依旧保持了比行业增速高2倍的成长速度，单一季度交易总额首次突破了千亿元，颇具历史意义。财报显示，京东集团第二季度交易总额（GMV）达到1145亿元，同比增长82%，净收入则达到459亿元，同比增长61%，活跃用户数和履约订单量分别达到1.18亿人和3.056亿张，京东商城交易额增幅高达92%。

第一节　2004年年初涉足电子商务领域

2004年1月，京东开辟电子商务领域创业实验田，京东多媒体网正式开通，启用新域名。

自2004年年初正式涉足电子商务领域以来，京东一直保持高速成长，连续7年增长率均超过200%。京东始终坚持以纯电子商务模式运营，缩减中间环节，为消费者在第一时间提供优质的产品及满意的服务。

京东的创立

刘强东于1998年6月在北京创业，从事光磁产品的经销。2004年，刘强东创办京东，正式涉足电子商务领域。2015年，京东已成为中国最大的自营式电商企业，旗下设有京东商城、京东金融、拍拍网、京东智能、O2O、海外事业部。2014年，京东交易额达到2602亿元，拥有超过7万名员工。2014年5月，京东在美国纳斯达克成功上市，与腾讯、百度等中国互联网巨头共同跻身全球前十大互联网公司排行榜。

凭借“让生活变得简单快乐”的经营理念，刘强东建立了以“价值链整合”为核心的京东模式，大大降低了社会交易成本，提升了社会交易效率，为社会、行业、客户都创造了价值。一直以来，刘强东坚持追求最佳客户体验，倡导“客户为先、诚信、团队、创新、激情”的企业价值观，赢得了广大消费者的喜爱和支持。

【拓展阅读】京东的三个关键词：刘强东、零售、狼性

京东的三个关键词：刘强东、零售、狼性

创业10年，从“三五条枪”到员工7万名，市值超过400亿美元，成长为中国互联网公司四强之一，京东是怎么做到的，有哪些故事值得我们回味？在采访了200多位与京东相关的人士，积累了40多万字的素材后，李志刚用《创京东》（中信出版社）一书满足了我们的好奇之心。掩卷之际，我认为，至少有三个关键词，可以帮助我们理解10年来京东的成败得失和发展逻辑。

理解京东的第一个关键词是刘强东。创业之初，刘强东舍弃已经走上正轨的线下零售模式，转向方兴未艾的电子商务，顶住来自投资人的压力，开启全品类战略，自建仓配一体的物流体系，这些不仅彰显了刘强东的商业直觉和战略思维，更体现了他说一不二、舍我其谁的王者气势。这些都让刘强东散发着个人魅力的光芒，使他成为京东的灵魂。

但有一个关于京东员工数量的细节，是我读《创京东》时才注意到的。短短6年间，京东员工从1000～2000人飞增到7万人，翻了70倍，只有“裂变”二字才可形容。在员工激增的6年里，京东依然还能够保持高速增长，管理得井井有条，不得不说是一个奇迹，刘强东恐怖的学习管理能力令人惊叹。

如果说“刘强东”是京东的灵魂，是理解京东最重要的关键词，那么理解京东的第二个关键词则是它的本质：零售。在“互联网+”概念漫天飞舞的时代，零售业仍有其自身规律。在刘强东的理解里，任何新兴技术都不意味着对传统产业的彻底颠覆，而是“要在工具意义上找到提升传统行业效率的有效契合点”。电商的本质仍然是零售，零售的本质是：降低成本，为消费者创造价值。许多人以为电商是轻资产的模式，但京东却是重资产的模式。它和沃尔玛一样，需要不停地挖掘供应链的价值。正是基于这样的理解，京东才毅然大举自建仓储物流，追求正品低价。京东利用互联网这个工具，为传统零售“+”上了翅膀。这些做法抓住了消费者的心，也让京东稳稳地屹立于电商之林。

理解京东的最后一个关键词是：狼性。京东将自己的企业价值观概括为“客户为先、诚信、团队、创新、激情”，但我从京东人身上看到的却是“狼性”。从《创京东》里，我们看到，创业10年间，京东一路上和新蛋网、当当

网、苏宁、淘宝网不断短兵相接，场场都是硬仗、恶战。商战中，京东的进攻性、执行力远非其他互联网公司可比，浑身上下都散发着一种不达目的誓不罢休的“狼性”。其中一个细节是：因为高速增长，京东每年有40%的仓库在搬家，这无论是对快递企业，还是对传统商业机构来说，都是不可想象的，但对京东仓储体系的员工来说，却是家常便饭，他们依然能保持订单的安全生产。

京东为什么会成功？刘强东、零售、狼性，这三个关键词也许可以让我们一窥其秘。今天，中国的电商仍然处于硝烟弥漫的“战国时代”，京东、淘宝、苏宁、当当……在这一场混战的最后，究竟会是“三分天下”，还是“统一于秦”，答案尚未揭晓，且让我们拭目以待。

京东的企业文化

核心价值观

客户为先、诚信、团队、创新、激情。

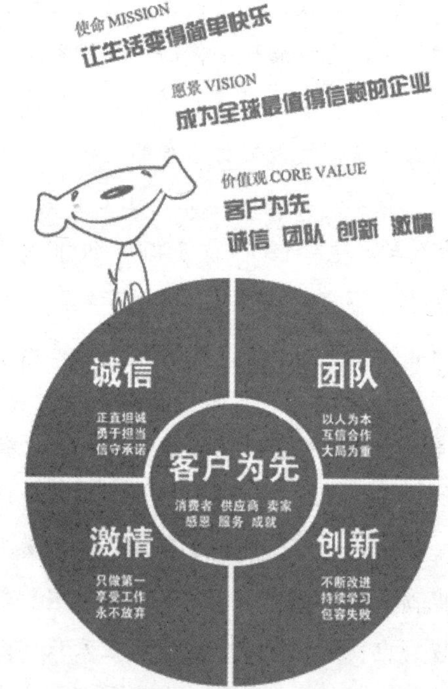

图2-1　京东的企业文化

企业使命

让生活变得简单快乐。

愿景

成为全球最值得信赖的企业！

经营理念

（1）合作。

国际化带来竞争全球化，中国电子商务领域风云变幻，京东作为首当其冲的旗帜性企业，不可避免地会迎来更为激烈甚至白热化的商业竞争。面对愈发激烈的市场竞争，京东时刻告诫自己：我们不仅要协同战略合作伙伴加强合作关系，更要与对手在充分竞争的基础上展开合作。京东理解的合作，是共赢发展的合作、联合互补的合作，由合作带来的竞合共赢是京东谋求发展的永恒理念。

（2）诚信。

京东在发展上秉承先人后企、以人为本的理念，在诚信的基础上建立与用户、供应商、投资方等多方合作者之间最为融洽的合作关系。“诚”代表了京东在合作关系中所坚持的诚意态度，而“信”则代表了京东以“信用”为根本的发展信条。可以说，“诚信”既是京东的行为准则，也是京东的道德规范。

（3）交友。

如果将京东比喻为一个高速运转的机器，那么，客户、员工、投资方、供应商等多方合作者则是这一机器上不可或缺的组成部分，只有多方合作者亲密无间地合作，才能让这一庞大的机器正常运转。因此，京东在做生意的过程中，力争与每一个客户或合作伙伴多一些情感交流，慢慢地将生意圈转化为朋友圈，而不是纯粹的生意往来。做生意就是做人，而且要先做好人。

刘强东内部信：京东是为创造价值而生的企业

亲爱的兄弟们：

今天是6月18日，也是京东12周年的生日。每一年，我们的生日都是在灯火通明中迎来，在通宵达旦中度过，在仓库、在配送站、在城市的大街小巷，兄弟们或汗流浃背，或风尘仆仆，正是你们这些年的坚守和付出，才为京东赢得了今天的地位和成就。

这12年正好是中国传统经济向互联网经济转型的一个更替时期。京东的发展离不开这次互联网浪潮带来的历史机遇，但回归个体，我们更需要感谢的是这些年来我们所经历的波折和坎坷，这些艰辛让我们学会了把握机会，学会了珍惜资源，也学会了审慎和反思。站在12年的关口，我也想借此机会，和大家再次回顾一下一直以来支持京东走到今天的力量是什么：

1. 不忘初心

京东是为创造价值而生的企业。从创业第一天起，我们做任何事情，都不会考虑这件事会不会苦、会不会累、会不会利润少。无论是自建物流、农村电商，还是O2O，进入每一个领域之前我们都会问自己三个问题：这件事有没有改善客户体验、有没有提升产业效率、有没有降低社会成本？如果答案是肯定的，那就做！请大家牢记，京东的现在和未来一定取决于我们在产业链当中的价值贡献。

2. 坚持信仰

诚信是京东的企业信仰。我们没有背景、没有资源，完全依靠兄弟们白手起家一路走来，诚信是京东唯一的立足之本。虽然总有人不断地试图从道德上击垮我们，从根基上动摇我们，但我们一次又一次地用实际行动证明了京东赚的每一分钱都是干净的！坚持恪守诚信的企业价值观使我们持续赢得了尊重。

3. 放下骄傲

京东发展的历史是战斗拼搏的历史。由于客观原因，每一项业务起步的时候我们都不是行业第一，但我们硬是凭借超强的执行力和创业精神创造了一个又一个第一。现在公司做大了，更需要我们保持英雄本色，放下骄傲、心怀敬畏，依靠组织的灵活变革和制度的有效保障，传承创业时期的敏锐、执行力和激情，这是我们的核心竞争力。

4. 以人为本

在京东的倒三角管理模型中，团队永远都是我们发展的基石。过去，我和管理团队花了大量的时间在人才的培养和梯队建设上，无论是内部人才培养计划、管培生计划还是国际管培生计划，几年来，京东孕育出来的大量优秀人才已经走到一线挑起大梁，撑起了京东未来发展的大帆。努力为有梦想的京东人提供更多机会和更大舞台也是京东得以不断超越自己的秘诀。

兄弟们，12年的时间里公司从一个小柜台变成了服务上亿中国人的大型企业，团队成员从几十人变成了几万人，销售额从几百万元变成了几千亿元。我们成长了，但我们的核心使命和精神永远没有改变。未来我们的困难和挑战要比前12年更多，让我们心怀激情、牢记使命、勇敢前行。下一个12年，让世界看到一个更加强大、更加努力、更受尊敬的京东！

你们的刘强东

2015年6月18日

多特色、完善的京东的服务

京东的服务理念

京东的服务理念是客户为先，包括消费者、供应商、卖家。

京东的高速成长不仅得益于消费者的喜爱，也离不开供应商的支持，而第三方卖家则为京东提供了佣金和收入。供应商和卖家共同丰富了京东标准化和非标准化的商品品类，为消费者购物提供了更加多样化的选择和更好的客户体验，所以他们也是京东的客户。京东对供应商和卖家都怀有感恩之心，为他们提供更加优秀的服务，帮助他们取得更好的业绩和成就。成就供应商和卖家，就是成就京东自己。

这种服务理念体现了京东对客户价值的重新认识，要构建京东、消费者、供应商、卖家的价值创造链条。

核心价值观的变化体现在京东一些具体做法上。如京东陆续推出了仓储物流的六大创新举措，以保障客户利益。比如开通了供应商服务热线，供应商可以与库房仓储直接沟通，快速高效地解决问路查询、预约协调、收货差异等常见问题，省去中间环节，成功搭建起仓库与供应商之间的一站式沟通渠道。在“最后一公里”方面，京东在“提升用户体验”这一目标的带动下，开始提供211限时达、当日达、次日达等服务，在带给消费者全新体验的同时，已经成为电商行业的配送服务标杆。

京东的使命转变其实也蕴含着“客户优先”的价值理念。从原来的“让购物变得简单快乐”改为“让生活变得简单快乐”，是在把客户的价值追求当作企业的价值追求。

京东的服务原则

京东的服务原则如下图所示。

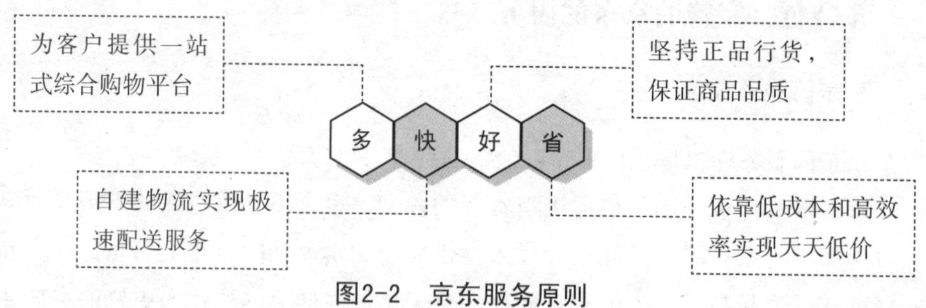

图2-2　京东服务原则

京东的服务项目

京东致力于为客户提供愉悦的在线购物体验，提供具有丰富品类及卓越品质的商品和服务，以快速可靠的方式送达客户，并且提供灵活多样的支付方式。另外，京东还为第三方卖家提供在线销售平台和物流等一系列增值服务。

（1）支付方式。

京东为方便客户，提供多种支付方式。包括货到付款、在线支付、邮局汇款、公司转账、分期付款、京东白条、支票支付、扫码支付等。

（2）配送服务。

京东专业的配送队伍能够为客户提供一系列专业服务，如：211限时达、次日达、夜间配和3小时极速达、GIS包裹实时追踪、售后100分、快速退换货以及家电上门安装等服务，保障客户享受到卓越、全面的物流配送和完整的“端对端”购物体验。且为了满足客户对第三方卖家订单的配送服务需求，京东配送团队承接京东第三方卖家商品进行配送。

（3）售后服务。

京东的售后主要包括京东自营商品的售后服务及第三方卖家自主售后服务。京东自营商品是指在商品详情页明确标上“京东发货并提供售后服务”的商品，除此以外为第三方卖家商品。

京东自营商品售后服务如下表所示。

表2-1　京东自营商品售后服务

服务名称		具体描述
价格保护		如果下完订单后价格发生了变化，客户可以申请价格保护，经京东客服人员审核通过，将如数退还多付货款或返还相应的余额到客户账户。注：价格指客户实际支付金额
售后特色服务	7天无理由退货	客户购买京东自营商品7日内（含7日，自客户收到商品之日起计算），在保证商品完好的前提下，可无理由退货（部分商品除外，详情请见各商品细则）
	售后上门取件	客户购买京东自营商品15日内（含15日，自客户收到商品之日起计算）因质量问题提交退换申请且审核通过，在京东自营配送范围内，京东提供免费上门取件服务。非质量问题的上门取件需要收费（钻石用户及企业客户例外）。法定节假日、停电、天气等不可抗力情况除外
	售后100分	客户购买京东自营商品15日内（自客户收到商品之日起计算）如出现故障，京东售后服务部收到故障品并确认属于质量故障（以国家三包法等有关法律、法规为准）起开始计时。在100分钟内（工作时间为每周一至周五，9:00 ~ 12:00，13:00 ~ 18:00，法定节假日、停电等无法正常处理情况除外）处理完客户的售后问题，处理完的标志为已经为客户提交了换新订单、补发订单、补偿申请或者退款申请（通过邮政等退款要依赖于第三方退款平台服务速度）。注：如客户不同意以上解决方案，协商时间另计。如以上承诺京东未做到，除故障商品全额退款外再给予客户京东账户1000个京豆作为补偿
	售后到家	自商品售出1年内，如出现质量问题，京东将提供免费上门取送及原厂授权维修服务 提示： 售后到家服务仅针对部分指定商品，具体以客户下单时的订单详情为准 此服务仅限京东自营商品（京东销售和配送） 法定节假日、停电、天气等不可抗力情况除外

（4）特色服务。

全球购：京东全球购是京东在2015年开启的跨境电子商务新业务，旨在为客户带来更优质、更多的海外商品。京东特别做出承诺：海外正品保证、全球直供、全球购客户专线、7天无忧保障售后等。

定期送：是京东推出的定期送货服务。只需事先指定产品及送货周期、数量等，京东可根据客户设定的周期自动生成订单并送货上门，节省客户的时间和采购成本，方便省心。

DIY装机：京东自提点DIY服务包含中关村自提点、上海虹口自提点、广州总部自提点、太原综合服务中心自提点、成都总部自提点、武汉江汉自提点，提供DIY装机服务（周一至周日9:30～19:00），各城市的其他自提点暂不提供此项服务。京东DIY装机上门服务针对电脑硬件DIY装机、硬件升级及调试，正版软件安装及维护（行业软件如财务软件ERP管理软件等除外），不限是否在京东购买DIY配件。

京东礼品购：是京东平台新推出的特色服务频道，致力于为客户提供"一站式"送礼解决方案。通过设置送礼提醒，帮助客户挑选礼物，提供礼品包装、传递祝福视频、限时送达等服务，帮助客户给恋人、家人、朋友、同事制造生日、节日、纪念日惊喜，真正成为客户的送礼小管家。

延保通：是京东联合全球最大的延保服务管理商新可安公司推出的一种延长保修服务的产品。延保通延保计划将给客户提供更安心、更省钱、更方便的服务。

意外保护：主要指摔碰管修。它是为客户购买的手机数码、笔记本等产品在正常使用过程中由于意外导致的商品功能故障提供维修或更换的增值性服务，针对一些原厂售后不保修的意外问题为客户提供保障服务。

（5）京东开放服务——京东宙斯。

京东宙斯是京东开放服务的直接载体，于2012年5月上线，旨在通过开放接口的形式将京东营销系统、交易系统、供应链系统、仓储系统、物流系统、售后系统和IT系统及相关数据进行开放，支持京东卖家、ISV以及其他合作伙伴的信息系统与京东信息系统进行无缝对接，更加高效、灵活地处理电商业务。

京东服务再升级

正品行货、自营配送、专业售后这三项是消费者对京东三个最直接的概念，也是消费者选择在京东上购物的三个最主要因素。京东售后提供从消费者收到商品后的全流程服务，退货、换新、维修都由专业规范的团队负责。京东售后服务团队成员达千人，能服务千万量级的活跃消费者，并得到客户的认可和好评，这是如何做到的?

京东售后有众多特色服务和完善的系统流程以及规范的员工培养和职业发展流程，因能够不断创新、锐意进取。

（1）众多特色服务。

京东有几项业内知名的特色服务，是快速和有效解决商品问题的法宝。比如7天无理由退货，根据新《消费者权益保护法》要求，在时效、品类、问题方面，从2014年开始试行并不断调整无理由退货的范围，如今已经有部分可退货商品远超7天无理由退货的服务范围，为消费者提供更加安心、放心的服务。

众所周知，京东配送时效是业内有口皆碑的，即使是过年也正常为消费者提供服务。京东售后依托强大的配送支持，推出业内独特的上门取货、上门换新服务：一方面解决消费者退换货找快递的烦恼和担忧，另一方面上门退换的服务，不论是可靠性还是服务体验，都更加受到消费者认可，也使拥有自营物流体系成为京东的一个重要特色，这是众多平台类电商所难以模仿的。可以说，上门换新政策一出，消费者从此不用到处找快递了。

京东还强势推出过年版闪电退款，在过年快递都休息的时候，不少电商也基本歇业，京东售后为此提出先退款再取货的闪电退款服务，大大减少了消费者在过年期间退换货的担忧和烦琐，为消费者过好节做出了不小的贡献。

（2）完善的系统流程。

京东不断优化售后服务流程，并以流程优化为驱动，提出了不少优质的特色服务。就拿家电类的售后服务为例，传统的家电售后服务需要消费者提出售后需求，再找厂家对货物进行检测，然后将检测结果提报电商平台审核；而京东推广的优化方式是一站式完成的，消费者有售后需求，只需将货物提交给京东，京东就会安排厂家做检测，并上传检测结果，审核时会和消费者做沟通确定。类似的流程优化还有很多，是京东“客户为先”价值观的直接体现，也是京东售后团队的工作主旨。

（3）规范的培养与发展体系。

京东售后的最大优势就是有一支专业规范的售后服务团队，他们有统一规范的工作流程，使用成熟完善的服务系统。京东提供强大的E-learning学习系统满足员工随时学习、定期测验的需求，拥有完善的员工发展体系，可以让每一个员工看到自己在京东的职业发展方向和道路，形成自我规划、自我设计的习惯和能力。只有拥有满意的员工，才有满意的服务质量，才有轰动一时的天价裸钻物归原主的诚信案例，才有从骗子手中要回被骗的产品而被消费者誉为“用户守护神”的案例。新《消费者权益保护法》颁布以来，京东向全员宣讲法规政策，组织售后全员大联考，保证在知法守法的情况下，为消费者提供更精准、及时、便捷、超出预期的售后服务。

（4）网购贷款促力普惠金融。

2014年年底，在淘宝和天猫的支付页面上，出现了一个名为“花呗”的新选项，这是蚂蚁微贷新推出的一个网上消费贷款产品。

继“花呗”后，苏宁易购也推出了“零钱贷”。

事实上，“花呗”“零钱贷”与更早推出的京东“白条”原理相同，都是先消费后付款。截至2014年12月底，京东“白条”已授信千万元，有上百万客户使用。这种在消费中理财的方式吸引越来越多的年轻人加入，网上消费贷款让更多人开始享受个人信用消费带来的便捷，也享受到普惠金融带来的益处。

京东的品牌logo变更

2013年3月，京东商城正式将360buy.com的域名更换为jd.com。此外，“京东商城”这一官方名称也被缩减为“京东”，原先以蓝色为主调的“360buy”被更新成了一只名为“Joy”的金属狗，这只金属狗成为京东官方新的logo和吉祥物。京东官方对金属狗的诠释是：对主人忠诚，拥有正直的品行和飞快的奔跑速度。这一更改也引发人们对天猫与京东进行“猫狗大战”的猜想。

旧　　新

图2-3　京东的logo变化

第二节　京东的高速增长

京东继续保持高速、稳健增长的态势，得益于京东长期注重客户体验和在品类扩张、移动布局、运营效率等诸多方面实现综合提升，京东交易总额、净收入、订单量、活跃用户数和毛利率等核心指标增长强劲，受到了投资者和市场的普遍赞誉。

京东增长快速，达到行业平均增速的2倍多

京东的增长受益于2014年11月大促。在2014年第四季度，京东交易总额同比增长119%，达到人民币858亿元，当季实现了人民币347亿元的净收入，同比增长73%。其中，京东自营销售收入同比增长67%，服务类及其他收入同比增长199%。2014年，京东净收入同比增长66%，达到人民币1150亿元。各项指标均超出先前的市场预期。

据财报显示，京东2014年全年交易总额达到人民币2602亿元，同比增长107%。艾瑞咨询的统计数据显示，2014年中国网络购物交易总额同比增长了48.7%，换言之，京东增速为行业平均增速的2倍多。

值得一提的是，2014年第一季度到第四季度，京东交易总额同比增幅分别为84%、107%、111%、119%，净收入同比增幅依次为65%、64%、61%、

73%。不论是京东的交易总额还是净收入，均显示出持续、高速且稳健的增长，在体量如此庞大的情况下能有这样的表现，体现了京东高超的运营管理水平。

京东第三方平台业务

京东第三方平台业务崛起

京东除了有惊人的发展速度外，其销售品类也愈加丰富。2014年第四季度，京东日用百货及其他非3C业务的交易总额增长迅猛，达人民币430亿元，同比增长173%，已占据京东交易总额的半壁江山，达到50.1%，上一年同期，该业务交易总额占比还仅为40.2%，这一最新变化反映出京东当前品类布局已日趋完善，真正成为一站式综合购物电商平台。京东传统家电3C业务继续保持快速增长，交易总额达428亿元，增幅为83%，远超行业整体及传统行业代表企业的增速。

京东第三方平台业务强劲增长的同时，在以自营为主的B2C市场上，京东依然一马当先，走在市场的前沿。根据艾瑞咨询统计数据显示，从2014年看，京东交易总额占以自营为主的B2C市场交易总额的49%，是交易总额占比8.5%的第二名的近6倍。

2014年第四季度，京东第三方平台业务继续呈井喷式增长态势，交易总额同比增长220%，达到人民币374亿元，京东自营业务的交易总额亦获得77%的同比增幅，达到人民币484亿元。2014年全年，京东第三方平台业务的交易总额更是首次突破1000亿元，达到1009亿元，交易总额在京东交易总额中占比达到39%。

京东第三方平台的发展

（1）一份财报，两种解读。

随着京东第三方平台业务的崛起，两种声音也随之传来。一种是以京东自己的解读为基准，“京东变成阿里巴巴的重量级对手”；另一种则是“京东巨亏50亿元，36.7亿元进了刘强东的腰包”。

现在看来，这两种声音都过于激烈，但终究会有一种更加接近现实。

要知晓究竟哪一种声音预言了京东的明天，只有京东今后的年度财报才能给出答案。

（2）重心转移。

值得注意的是，财报中还有另一组数据。这组数据告诉人们，京东的平台战略已在悄然转变。

在2014年全年，京东第三方交易额占京东交易总额的39%，第四季度达到44%；自营与第三方平台交易总额分别为1593亿元与1009亿元，增长了70%和217%。

重心已明显倾向第三方平台。

“京东不会刻意追求商家数量规模。”对于第三方平台业务的迅速发展，刘强东十分淡然。可是，在财报分析师会上，刘强东表示京东自营业务主要集中在标准化品类的产品方面，而第三方平台服务主要是提供非标准化品类。从市场容量和平均情况来看，非标准化品类的数量以及市场销售额都远远大于标准化品类。“长期来看，第三方平台的成交总额比例已经超过了50%。”

【拓展阅读】第三方卖家入驻流程

第三方卖家入驻流程

第三方卖家入驻流程，如下图所示。

第一步 注册

（1）注册京东个人用户账户
（2）进入京东用户中心验证手机和邮箱
（3）进入商家入驻页面，点击“我要入驻”
（4）确认入驻协议、查看入驻须知、录入开店联系人信息

第二步　填写、提交信息和资料

（1）填写公司、店铺信息，提交资质资料
（2）选择店铺名称及域名
（3）确认在线服务协议

第三步　等待京东审核

（1）京东于7个工作日内反馈审核结果
（2）商家可查询入驻审核进度，接受入驻进度的邮件通知

第四步　商家缴费、开店

（1）商家在线缴费
（2）京东确认缴费无误
（3）店铺开通
（4）商家登陆后台

图2-4　第三方卖家入驻流程

京东移动端订单同比增长3.7倍

伴随体量的日益扩大，2014年第四季度京东活跃用户数量增长至5470万人，同比增幅达到近100%，继续保持高增长态势。2014年全年，京东活跃用户数激增至9660万人，同比增幅达104%。

京东2014年第四季度完成订单量达到2.18亿张。2014年全年完成订单量达到6.89亿张，同比增长113%，其中移动订单占比增长迅速，全年移动订单占比由Q3的29.6%攀升至36%，而同比增幅达到了372%。2014年，京东在与腾讯合作后，除京东APP以外，新启用了包括微信、手机QQ、微店等在内的多个移动购物平台，广泛而深入地触及包括三到六线城市用户在内的更多用户群体，尤其是微信、手机QQ群体，来自这些区域的用户数量大幅增长，加上营销活动的

向下渗透和物流覆盖面的迅速扩展，京东在移动端的订单履约能力不断加强，在移动端发力成效显著。

京东全年毛利率稳步提高

根据《美国通用会计准则》计算，京东2014年第四季度净亏损人民币4.54亿元，净利润率为-1.3%，全年净亏损人民币50亿元，净利润率为-4.3%。京东亏损主因是股权激励费用，以及与腾讯战略合作涉及的资产及业务收购所产生的无形资产的摊销费用。其中，股权激励费用是以股权结算的员工激励计划产生的费用，无形资产是企业并购过程中取得的按照公允价值计量的各项可辨认无形资产的金额，在会计处理上需定期摊销计入费用，这两项费用在发生时均不涉及现金支出。

从更好地反映公司运营情况的《非美国通用会计准则》来看，第四季度京东实现净利润为人民币8380万元，净利润率为0.2%，实现微盈利，全年净利润为人民币3.627亿元，净利润率为0.3%。在实现全年微盈利的同时，京东的毛利率连续四个季度稳步上升，从第一季度的10.0%上升至第四季度的12.7%。

对于财报的发表，京东首席财务官黄宣德表示："第四季度的收入增长超过预期，毛利率也进一步稳健提升，充分体现了京东长期提升用户体验和运营效率所取得的成效。2015年京东会继续为长期成长而投入，包括提升品牌认知度、拓展物流网络、丰富产品品类。京东坚持注重提升公司声誉和市场份额，在2015年会进一步巩固京东的行业领导者地位。"

随着近年来电子商务的快速发展，电商无疑已成为带动中国新经济增长的龙头。根据最新发表的数据显示，2014年中国网络购物市场规模达到2.8亿元，增长48.7%，增幅远远超越其他传统行业。而京东如同高速行驶的高铁列车，在体量相当庞大的情况下，增幅仍达到了行业增幅的2倍多，超越100%。其高速而稳健的发展态势给予市场强大的信心。

第三章
产品品牌的魅力

导言：

品牌是给拥有者带来溢价、产生增值的一种无形的资产，品牌承载的更多是一部分人对其产品以及服务的认可，是一种品牌商与客户购买行为间相互磨合衍生出的产物。那么，京东是如何打造自己的品牌的呢？

第一节　京东自身的产品品牌

京东首次上线的商品逾5000种，涉及纯净水、家乡特产、休闲零食、米面粮油、调味品、啤酒饮料等多个产品品类，这些品类都与消费者的日常生活息息相关。与以往打包出售的方式不同，如今在京东上消费者可单独买一罐可乐、一瓶酱油，并且京东提供送货上门服务。京东支持货到付款等服务，真正能帮客户实现购物的“多、快、好、省”。

一站式购物平台——京东商城

2013年5月6日，京东在完成内测后，正式与广大消费者见面，消费者可在京东上购买食品饮料、调味品等日用品。京东将超市搬到了线上，建立了移动超市，让消费者的购物更为便捷，这也是京东在一站式购物平台战略布局上的又一次发力。消费者足不出户，就能轻松实现“打酱油”、买零食等日常生活的购物需求。

图3-1　京东首页截图

【拓展阅读】京东的O2O：太原唐久便利店的网上大卖场

京东的O2O：太原唐久便利店的网上大卖场

作为当下最时髦的概念，O2O通过整合线下、线上资源，利用二维码、支付、地图等新技术工具，为用户提供更便捷、个性化的体验和服务，实现双向的价值交换和资源共享。

一家山西太原本地的连锁便利店，又是如何实现O2O的华丽转身的呢？2013年11月18日，京东（JD.COM）与太原唐久便利店正式上线了一个O2O项目，通过各自的优势资源互补和资源深度整合，重新定义了一类O2O服务的规则和模式，实现了线上、线下的双赢和持续的生意形态。用合作双方的话来讲就是，“O2O让唐久便利店成了‘不下楼的大卖场’”，也让京东完成了“一公里生活服务圈”的覆盖。

太原唐久便利店作为区域零售连锁企业，拥有600多家门店，有着覆盖完备的线下销售、全温层物流配送体系、中央厨房和多种形式的服务网络，但电商业态的迅猛发展让太原唐久便利店迫切需要寻找一条采用互联网化手段，增加便利店现有销售品类的全渠道销售之路。与此同时，作为国内最大的综合网络零售商，京东也在不断尝试O2O的发展模式，希望能利用实体商业的供应链优势和本地化采购优势，于是两者一拍即合，将彼此的信息系统、商品系统、供应链系统、服务系统、支付系统和会员体系进行打通和深度整合：从2013年7月31日到2013年10月31日，京东在网站上开设了唐久便利店的购买专区，开业之初，京东以大数据分析为基础，通过多种定向的网络营销手段对山西太原的京东会员和网络用户进行精准营销；同时，唐久便利店在门口悬挂了京东唐久网上大卖场的灯箱、在店内和橱窗上张贴了精美的促销海报、投放了100万张促销DM明示商品促销信息，消费者只要扫描DM上的二维码即可在京东的手机端上下单和支付，唐久便利店则利用现有的供应链体系完成仓储、支线运输并实现自提或者送货上门。

项目运营初期，便已经取得了不错的成绩，京东上该项目网店的访问量每天超过万次，下单量将近1000单，下单转化率实现了大幅提升。一系列数据表明，在实现资源互补后，O2O转化率得到了大幅提升，远高于电商的行业平均水准，而这也是O2O模式可挖掘的价值和空间所在。

显然，与以往单纯地在二维码扫描、移动支付、配送等单一环节上进行O2O试水的电商相比，京东与唐久便利店的O2O更具样板效应，特别是实现了供应链体系的双向互通，达到了“1+1>2”的效果。第一，利用京东的线上技术、大数据分析能力、精确营销能力，唐久便利店能够精确地对目标客户进行营销，如所有唐久便利店门店和订单均采用地图坐标进行预分拣，配送效率大幅提高；如将现有的京东太原客户群的大数据分析开放给唐久便利店的网上大卖场，使得转化率得到了大幅提升。第二，借用唐久便利店低成本的全温层物流配送网络，原有电商物流作业模式的成本降低一半以上，且完全取消了包裹生产，不再使用耗材，实现了绿色低碳生产，同时可以充分利用唐久便利店的中央厨房和低成本的全温层冷链物流体系，一旦启动生鲜商品的销售，将彻底颠覆现有生鲜电商的高成本冷链物流作业模式，充分满足老百姓的一日三餐所需。第三，借此形成京东、唐久便利店双赢的局面，借助京东强大的技术和巨大流量，可以帮助唐久便利店扩展原有的商品品类和SKU数量，实现“一键开店”，快速拓展PC端和移动端的线上销售渠道和营销渠道，实体唐久便利店的全渠道销售，为本地客户提供更加丰富、多元的商品选择，创建了一种新型的全渠道便利店业态。

业内专家认为，作为一种全新的生意模式，O2O是互联网与传统企业发展到一定阶段后的产物，其生意的形态、模式存在多种组合，从京东与唐久便利店这一O2O合作案例来看，它们通过彼此互补、取长补短的捆绑合作，发展新型的、网状交错的零售业态，为实体零售业拥抱互联网做了有益的尝试，值得借鉴参考。

快捷支付方式——京东支付

京东支付是京东金融于2014年7月推出的新一代第三方支付产品，实现了真正意义上的一键支付。用户只需一张预留手机号的银行卡及验证短信即可完成支付，无须开通网银、无须注册第三方账户或记忆密码。

图3-2　京东支付Logo

京东支付安全、便捷的用户体验，是提升订单成功率的有力支持。京东支付提供了更为简化的标准化接入，确保每一家商户的付款都同样便捷，提高了商户的订单成功率。在风险控制方面，京东支付提供金融级风险防范，为商户资金提供多重安全保障。

京东电商云平台——京东云

2012年5月推出京东宙斯后，京东云于2013年6月推出了京东云鼎、京东云擎、京东云汇、京东云峰、京东服务市场等五大解决方案，初步形成了一条完整的电商云服务链条。2014年1月9日，京东云面向传统企业和本地生活服务企业正式发布了电商云解决方案，此举将助力传统企业快速、高效、低成本地拓展电商业务。

图3-3　京东云Logo

到2015年，京东IT资源的内部云化已完成，对京东业务平稳、系统优化和效能提升的作用已经显现，京东云已走入第二阶段，推出京东云平台，努力培育京东电商应用生态。

京东云的产品功能

京东云的产品功能如下表所示。

表3-1　京东云的产品功能

产品	功能
云主机	弹性可配置的虚拟主机，按需使用、安全稳定
云数据库	安全、便捷和可扩展的分布式数据库服务
子网	用于不同用户间实现网络隔离，同一用户建立网络拓扑结构
云安全	提供防DDos攻击、web安全监测等功能
负载均衡	高可用的负载均衡服务，支持高并发访问，扩展系统对外服务能力
监控报警	提供资源检测、自助式报警等服务

京东云服务比公有云更安全，比私有云更便捷。京东云服务产品特性如下图所示。

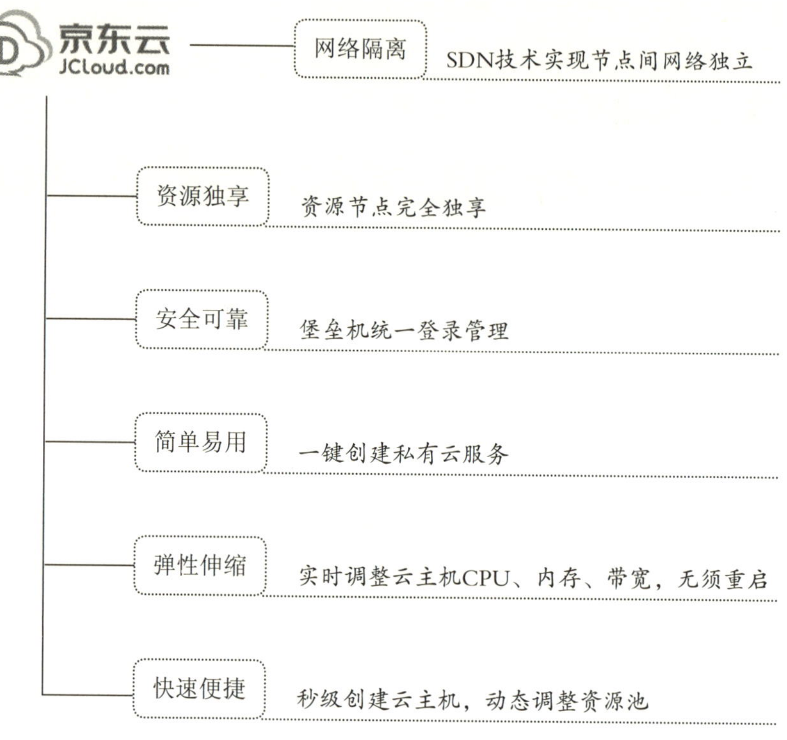

图3-4　京东云服务产品特性

京东云的战略目标

2015年开放京东电商业务的全部资源和能力，向全产业链各环节提供京东云服务，成为中国排名第一的电商云提供商。2017年面向各行各业提供全面的云计算服务，成为云服务运营商和云计算解决方案提供商，跻身全球领先的云计算服务商行列。

京东云的发展步骤

京东云的发展步骤如下图所示：

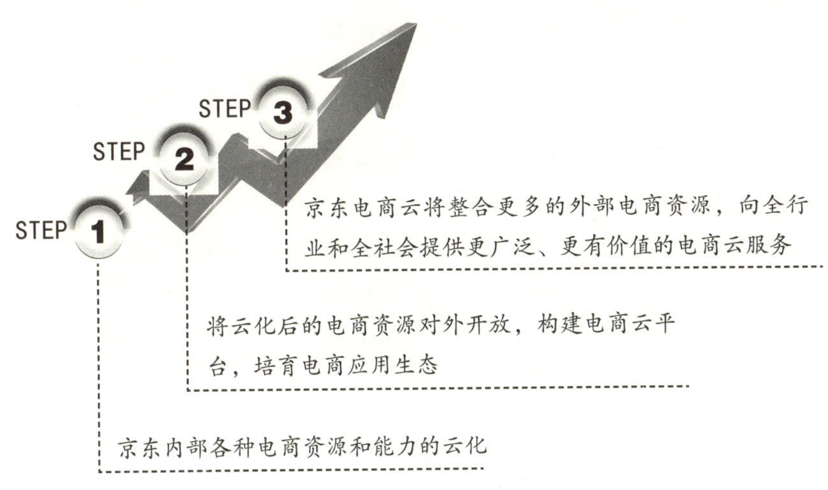

图3-5　京东云的发展步骤

【拓展阅读】传统医药企业联手京东打造“云健康”平台

传统医药企业联手京东打造“云健康”平台

京东继“阿里健康”之后也准备跨界涉足传统医药产业。上海医药与京东在处方药电子商务领域建立了全面战略合作伙伴关系，并联合京东共同增资上海医药大健康云商股份有限公司。

“上药云健康”进一步打造了电子处方、药品数据和患者数据等三大线上平台，其中的患者数据平台将对患者就诊、用药和诊断等健康大数据进行长期的跟踪与记录。上海医药线下零售网络中的专业药房、医院合作、托管药房以及社会零售类药房已经开始与京东展开合作，并一起对线上平台销售进行探索，其中，专业药房业务占较大的销售比例。不过，由于国家处方药销售政策还未完全放开，上海医药与京东合作的“云健康”平台没有开放处方药线上销售。上海医药负责人表示，近期将主要与京东合作探索打通线上线下销售渠道，待国家相关政策放开后，消费者即可通过京东线上平台上的“上药云健康”购买处方药，可谓万事俱备，只欠东风。

人工智能系统——JIMI机器人

JIMI（JD Instant Messaging Intelligence）是京东自主研发的人工智能系统，它通过自然语言处理、深度神经网络、机器学习、用户画像、自然语言处理等技术，能够完成全天候、无限量的用户服务，涵盖售前咨询、售后服务等电子商务的各个环节，堪称京东用户的购物伴侣。

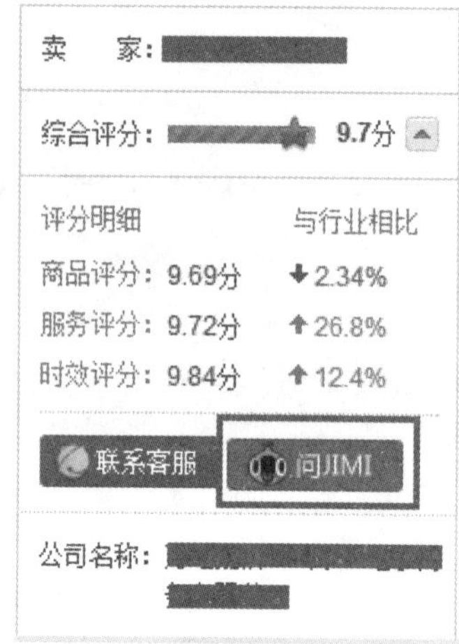

图3-6　如何找到JIMI

相关链接》》

JIMI大事记

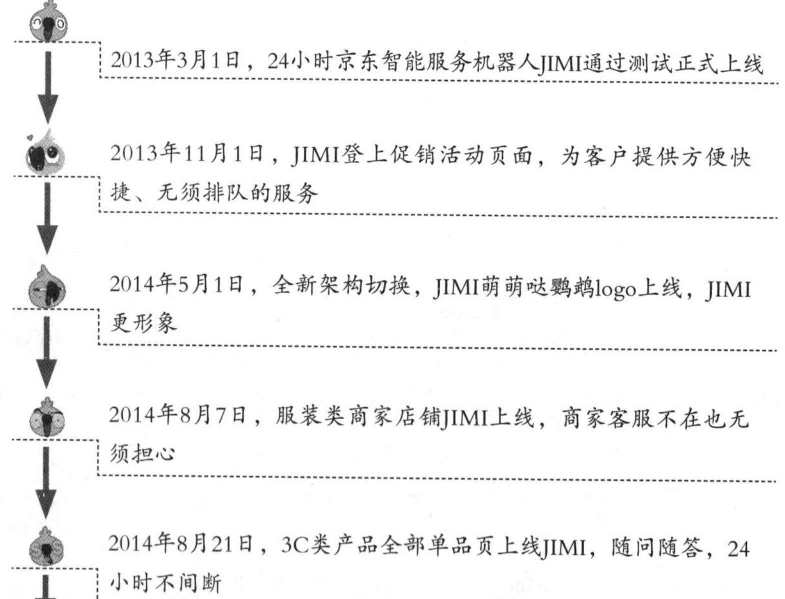

图3-7　JIMI大事记

第二节　合作品牌

京东除了拥有一系列自己的品牌以外，还有不少合作品牌。

掌上京东

在与腾讯合作后，京东APP上线，为手机用户提供了便捷的服务。

京东客户端

理念：移动购物，只为更好的生活。

京东金融

理念：会赚钱、懂生活的人都在这里。

京东钱包

理念：生活服务全能，智能资产管家。随时随地，快捷支付，让生活简单一点。

内容包括抢吧、扫码付款、转账、旺财、小金库、基金、信用卡还款等。

京东到家

理念：没错，这就是传说中让你赖在家里不出门的神器。

京东阅读

理念：京东阅读在线书城拥有海量正版电子图书，并推出限时借阅免费活动。

京东微联

理念：智能硬件的统一管理平台，实现产品间的互联互通。

图3-8　京东相关品牌APP图标

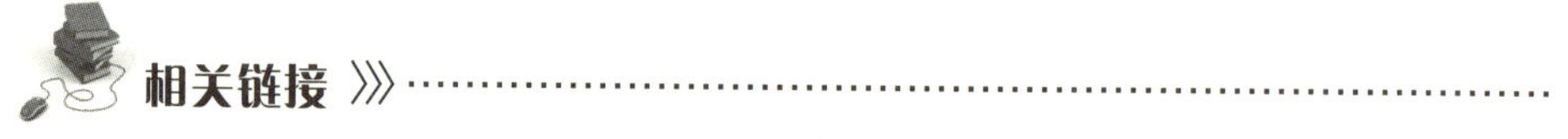

京东金融APP3.0：关系模式催生的移动产品

2015年9月15日京东金融APP3.0正式上线，3.0版本涉及“理财+消费”，旨在伴随小白用户一起成长。金融APP3.0将理财、白条、众筹频道提升至一级导航栏，进一步丰富场景和服务的同时，已经实现融会贯通。

分享红利是产品属性不是营销手段

基于移动社交理念，京东金融APP3.0强调极致的分享体验。这与京东金融首席产品体验官赵汗青认为“分享在移动时代已经变成一种用户的生活方式”的观念不谋而合。

在京东金融APP3.0上，用户所看到的所有理财或者众筹产品，都可以分享到朋友圈内，所有因为用户分享促成的订单都会换来一笔红利。京东希望创造一种完全不同的移动端用户生态，真正基于分享去盘活整个大流量。这种分享，用户

和他的朋友都能得到一定的红利，这是京东金融对于社交生态的大布局。

此前京东金融推出的众投理财，通过社交关系把产品分享给更多用户，买的人越多收益就越高。大数据理财则可以让用户看到在京东金融APP3.0上应该如何赚钱，通过这样的数据挖掘可以给用户做理财建议，既有趣，又有料。

搭建积木体系激发用户UGC

为实现产品社交化主张，京东为用户设计了一款产品，一个工具，核心功能就是帮助用户生产内容，京东金融内部称之为“积木”。

赵汗青指出，有了关系和内容，社交化才是一个完整的体系。比如在理财场景下，很多用户有一定的投资背景跟金融知识，完全可以组合一系列的理财建议推荐给其他人。通过搭建“积木”体系，激发用户UGC，是京东金融运作背后的逻辑。

“积木”是一个容器，可以让内容编辑者快速地从所有产品当中选择他所需要的内容，然后通过图片和文字来表达自己的需求、想法。整个“积木”封装好以后，“积木”的顶层就是用户自己的信息。这可以帮助用户标准、规范地快速生产内容，并分享给他人。

在移动互联网时代，京东金融的产品思维已经不再以流量为维度，而是重新回归到以人、用户、内容为中心的维度上。在未来，所有京东金融的用户都可以使用自己的“积木”体系，在社交圈子里，把自己的理财理念分享给别人，把自己的生活品位分享给别人。

京东微信购物

2015年5月27日，在京东微信购物1周年庆生会上，备受业界关注的京东微信购物掀开神秘面纱，交出了一份周年答卷：1年来，京东微信购物与京东采销业务部门、品牌商及商家紧密配合，先后推出56次社交营销活动，吸引共计超过3.75亿人次参与和互动，业绩稳健增长，已成为京东发力移动客户端的重要新生力量。在2014年第四季度，京东20%的新用户来自微信和手机QQ这2个移动端入口。2015年第一季度，京东移动订单占比为42%，同比增幅高达329%。

微信购物成为京东发力移动客户端的新生力量

借助微信社交平台，京东微信购物得以触及更广泛的新用户群体，并与京东PC端、京东移动客户端等在用户、品类和营销方面形成互补和协同。与京东原有用户结构相比，来自微信、手机QQ的三四线等低线用户比例相对更高，有力地助推了京东渠道下沉战略。

不断尝试营销创新 开拓移动社交电商新路径

京东微信购物上线以来，在营销模式上持续创新，陆续推出O2O、众筹、好友互动、抢红包等多种营销活动。微信购物“电商+社交”的特性在助力京东及合作伙伴增加销量的同时，也提升了品牌传播的范围和效果。

与腾讯的合作，为京东微信购物的微信服务号带来粉丝增长高峰，迄今为止，其服务号“京东JD.COM”的粉丝数已突破3000万，成为电商行业超级服务大账号之一。并且，京东微信购物为142家品牌商、第三方商家量身打造近56场社交营销活动，吸引超过3.75亿人次参与和互动，并收获6个行业电商创新案例奖项。

连接优质用户和商家 领航移动社交电商市场

京东微信购物能够挖掘不同用户购买偏好、价格敏感、互动喜好等特征，并与品牌商、第三方商家分享合作，有针对性地设计更具吸引力的社交营销活动。微信的社交属性也赋予京东微信购物更强的传播能力和更高的用户信任度，使其能更加有效地建立用户与商品、店铺之间的深度关联，进一步挖掘潜在用户购买需求。

业界资深人士表示，回顾京东微信购物2014年稳健的发展轨迹，它对于京东、用户、商家以及行业的价值已开始彰显。特别是在移动社交电商领域，京东微信购物所具备的独特资源、平台和社交优势，得到越来越多品牌商、第三方商家的认可，其未来发展值得业界更多关注和期待。

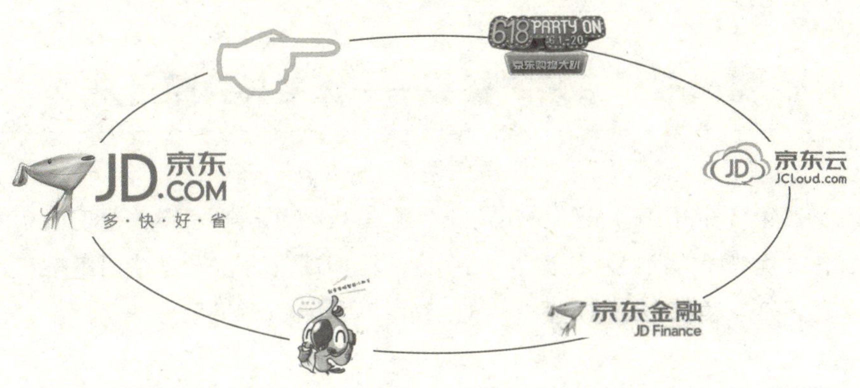

第四章
京东网上书城

导言：

京东在2009年已经做到了40亿元人民币的销售额，是中国市场排名前三的B2C电商，将来要成为中国甚至全世界最好的电商平台，就必须要做全品类。那么，京东图书频道的开启给京东带来了什么样的挑战与机遇呢？

第一节　京东的噱头——卖书只为赚用户

2010年11月1日京东正式推出了图书频道。京东图书频道相对于它的竞争对手有什么优势呢？面对新的竞争对手，当当图书采取了怎样的应对策略？业界人士又是如何看待京东此次强势进入在线图书零售市场的呢？

图4-1　京东图书首页截图

谁与争锋——京东涉足网上书城

2010年2月，京东掌门人刘强东公然表示，京东5年内不会涉足图书市场。

但是，仅仅10个月后，京东便大举进军图书市场，此前刘强东的“大放厥词”，现在看来，不过是一枚包装精美的烟雾弹。

2010年11月1日，京东图书频道正式开始试营业，并延续其一贯的风格——低价运营。副总裁徐雷表示，京东对新品类商品的扩张，将打破中国电子商务的格局，带来新的局面，京东作为一个综合性的平台，已经具备了相应的用户基础和物流运输能力，按需扩张品类是大势所趋，顺应时势。

在外界人士看来京东卖书“醉翁之意不在酒”，其真实意图是试图借此在自己身上多挂一条特征代码，从而成功地导入原本以图书为经营特色的当当和卓越的老客户，借此釜底抽薪，在发展自己的同时消灭别人。说得更直接一些，京东的图书生意不是为了赚钱，而是为了赚用户。“低价基因”是京东始终津津乐道的因素，价格战也是其对同行和消费者构成特殊杀伤力的一大法宝。京东此番所侧重加强的科技书、经管书和儿童书三个类别正是用户聚集的区域，也是最方便导入对手用户的中心区域。

京东阅读客户端

京东拥有20万种以上的正版图书，能给读者高质量的阅读感受

2012年6月26日京东倾力推出京东阅读客户端。

随着不断的发展、完善，京东目前已拥有20万种以上的正版图书，无论是最新、最热的纸书，还是网络畅销小说，用户都可以在京东阅读客户端享受轻松阅读。

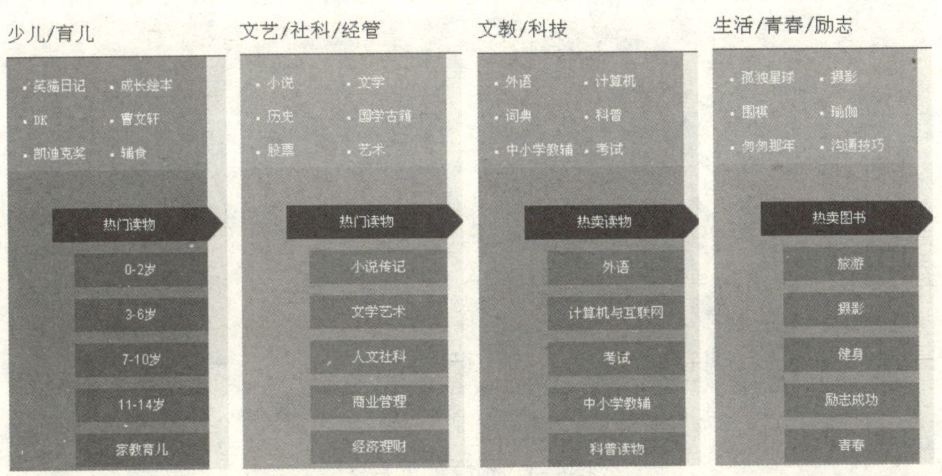

图4-2　京东图书频道分类

2010年11月，京东悄然推出“图书频道”并使其位列产品线之首，“图书频道”一跃成为京东阵营中的又一大产品分类。

京东的这一举动意味着其高唱高打的营销方针，意味着其正式拉开与当当、卓越等线上商城的B2C市场争夺之战。此次战争来势汹汹，激烈程度可见一斑。但是，京东的这一战，在媒体朋友眼里或许将会是“滑铁卢之战”。因为，当当、卓越在线上图书市场上所向披靡数十年，所拥有的传统优势不容小觑，它们的地位并非京东这一后起之秀一朝一夕所能撼动。它们已经掌握的战略供应商计划、超级战略供应商计划、自有品牌出版计划等固有资源，都是京东所不可比拟的。

然而，京东前图书业务副总裁石涛表示：“京东在3C网购领域的市场份额就是第一，图书部分也做得很好，目标就是要做到行业排名第一。”

京东收购拇指阅读

2015年6月17日，京东宣布收购社交阅读应用拇指阅读，但是却没有透露具体的收购金额。京东阅读社区版APP正式登陆苹果App Store和各大安卓市场。到此，京东正式完成了电子图书的布局，包括前期试读、中期购买、后期评论互动。

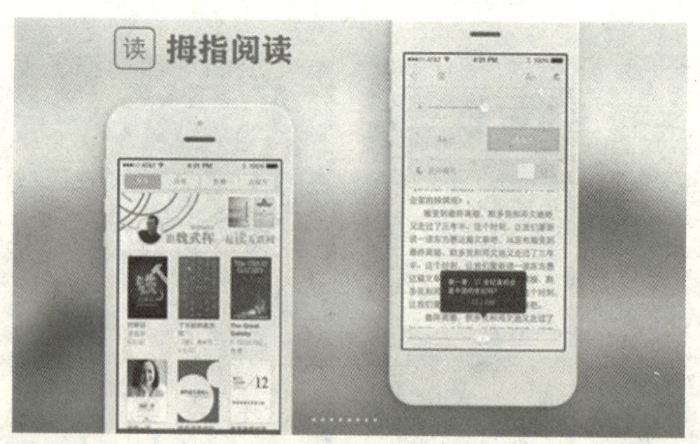

图4-3　拇指阅读截图

为何京东会收购拇指阅读?

京东电子书业务负责人表示，收购拇指阅读一方面是出于对图书业务的重视，另一方面是有利于京东布局全消费链条，京东将借助收购拇指阅读、推出新版京东阅读APP等动作，打通电子图书全消费链条，为用户提供从选书、买书到评书的全闭环服务。

新版京东阅读APP上线后，拥有近30万册正版电子书，并拥有阅后即焚、纸书商城、低价畅读、智能推荐等功能。此后，用户在京东阅读APP上能够看到所有用户的书评，并可以此作为选书的决策参考。拇指阅读并入京东之后，可以实现很多原先满足不了用户的功能，如阅后即焚等。

京东介绍，在获得足够的图书市场份额之后，京东方面会考虑将阅读业务与京东会员服务相结合，接下来京东会在图书版权、客户端推广、图书社区运营等方面持续发力，以此彻底拉开与竞争对手的距离。

京东：放下书本，拿起手机来看书

在各家都抢做原创文学的时候，京东却只想做纸质书E化。

2015年6月17日，京东收购拇指阅读，经过几个月的融合，新版京东阅读APP已正式上线。据京东图书音像业务部总经理杨海峰介绍，这次并购只是技术和产品的并购，不含人员的并购，交易完成之后，不会再用拇指阅读的品牌，其员工也会选择其他方式创业。

京东做电子书业务的这3年

从2012年起，京东的纸质书购买页就有了电子版的链接，只是匹配的品种不多。杨海峰认为，尽管目前与原创文学相比，纸质书的电子版只有10%的市场占比，但未来纸质书E化的市场会越来越大。“这两年版权发展已经越来越好了，现在到了一个比较好的时机。”杨海峰透露，接下来京东阅读会趁着时机，在版权、收购、推广上加大投入。

纸质书E化，最大的难题在于版权分散

2012年，杨海峰透露京东刚进入电子书市场时谈版权非常痛苦：“当时正处于各个渠道都想垄断版权的时机，需要很高的预付费，甚至要开天价抢版权。”

到2015年7月27日，京东积累了合作的纸质书供应商1000多家，电子版权供应商600多家，也就是有将近40%的纸质书供应商没有和京东合作电子版权。“举个例子，一个比较大的出版社给我们供货上万个品种，而其中电子版权却只有几百种。”杨海峰表示。

对出版商来说，一方面转型晚，大部分授权方都倾向于在纸质书卖半年，或者是一年以后才把电子版权授权放出来；另一方面部分出版社电子版权整理得比较晚，很多出版社在签订版权的时候只签订了纸质书的版权，没有电子版权的代理。并且，纸质书的销售额是电子书的上千倍或者上万倍，出版商在电子书上没有获得很好的收益，就没有动力去做。

“我们在努力说服出版社同步发行，在这方面，中信出版社比较好，思想观念比较开放，很多书都已经能够实现同步首发。”杨海峰告诉记者，除了出版社，还有另一个阻力，那就是作者。

2015年，电子版权分散在大量的作者和译者手里。从2008年开始，很多民营版权方开始有意识地跟作者签订电子版权合同，特别是在谈新书的时候，会自动约定电子版权代理。但当作者拿不到较高分成的时候，就不愿意提供电子版权了。

杨海峰认为，作者有两方面的顾虑：一是担心影响纸质书的销售，二是担心被盗版，如果没有监管，书就会被无限复制。

至2015年7月27日，在京东平台上，纸质书有200多万个品种，电子书有20万～30万个品种。“还有很多电子版权没有谈，所以没有机会销售，但在现在这个版权市场上，我们能收集到20万～30万个品种已经很不容易了。”

第二大难题在于成本高

对电商平台来说，卖纸质书其实只是作为一个渠道，而卖电子书则要兼做生产方。

据杨海峰介绍，电子书的加工由各个销售渠道完成，出版商或作者提供word、txt原文件，销售渠道加工成pdf等格式，并且为了保障用户体验，电子书的加工成本非常高。

据《南方周末》此前报道，多看阅读在苹果iOS平台上制作电子书《公司的力量》时由1名主管技术的副总裁和2名工程师耗时整整2周完成，人工成本为10万元。照此计算，多看阅读这个近100人的庞大团队，年制作能力只有1000本书。

并且，电子书和纸质书一样，一般会签订3～5年的版权期限，这就导致很多电子书在出售一两年后，就不能再销售了，于是这些加工成本又付诸东流。“因此，有很多人致力于销售电子书，但投身之后，发现砸很多钱却没有收益，最后只有被收购了。”杨海峰表示。

期望建立版权集约平台

对于以上两个难题，京东方面给出的方案是建立集约平台。杨海峰透露，京东正在跟政府以及各个行业协会建议，建立一个版权集约平台，先将电子书行业培育起来。

具体来说，就是通过平台把作者、出版社、政府监管，以及所有销售渠道集合到一起，让作者和出版社进行认证，同意出版社代理，制作之后再授权给其他渠道进行销售，同时在价格上制订一个方案，保障作者和出版社可以获得终身的效益和分成。

据了解，至2015年7月，纸质书E化并没有一个价格标准，大部分作者希望新上市的电子书跟纸质书价格趋近，经过半年之后再慢慢降价。

杨海峰建议，这个价格约定为纸质书定价的1/3，以实现纸质书的利润和电子书的利润趋同。“通常纸质书是六四分成，作者和出版社能得到60%的销售分成，相当于作者和出版社分别能得到30%的销售额，纸书定价的1/3，差不多就能达到利润均衡。”同时，杨海峰期望平台能解决纸质书E化过程中存在的制作成本问题和盗版问题。

此前，有不少公司试图解决电子书的制作问题。苹果早已发布了免费电子书制作工具iBooks Author，多看阅读也开发过一套电子书制作系统，让产业链上更多的公司直接使用并上传。

杨海峰认为，现在电子书市场存在很大的浪费是因为开发了各种不同的格式，如果能统一加工，统一格式，就能大大减轻渠道方的压力，也能集中嵌入防盗码水印，便于政府进行版权管理、版权跟踪和版权防盗。

“只有这样一个平台建成了，把版权集约发展到像亚马逊一样的80万个品种以上，我认为中国的电子书市场才能发展起来。”杨海峰说。

狭路相逢

京东以3C产品起家，后续将产品线外延至家用百货，此次又将手悄然伸向线上图书市场，此举曾一度引发业内争议。当当、卓越在线上图书领域数十年屹立不倒，京东横插一脚，叫嚣要成为老大，当当、卓越面对这个强大的对手，不得不重视，做出新的规划。自京东插足线上图书后，网络书商形成三足鼎立的格局。

当当另辟蹊径迎战京东

面对京东图书的强势来袭，2010年11月8~10日，11年店庆期间，当当每天通过抽奖方式抽取1名幸运顾客与当当联合总裁李国庆共进晚宴，另外可报销往返双飞机票和2晚住宿。

图4-4　当当网Logo

B2C电子商务发展到现在，解决供应链问题变得越来越重要，从采购到商品上架，到配送和售后，都要提供优质的、差异化的服务，让用户觉得当当是一家就在身边的购物中心。

从竞争策略的角度来说，从李国庆的举动可以看出一些当当应对竞争的思路。当当相应地强调了“服务”两个字，除了低价、品类全，服务现在对于网购企业来说越来越重要，消费者不仅是在购买低价的商品，同时也是在购买便捷、优质的服务。

京东的优势

京东开始卖图书了，相对于传统几大在线图书零售商，京东有不容小觑的两点优势。如下页图所示。

京东有中国B2C市场最大的3G网购平台

京东多年累积的人气以及雄厚的资本对其在线图书零售业务会有不小的帮助，可以说，京东的资金、销售规模和客户基数都没有问题

京东的配送能力是最强的

当当的配送业务是外包，卓越的配送业务是外包加自营，京东的配送业务主体是自营，配送最快的应该是京东，这也是京东在现阶段竞争中最大的优势

图4-5　京东图书优势

但是，京东初入图书市场，和当当跟卓越相比，还是一个新手，要想获得一定的市场份额，撒手锏必然是——低价。因为，当当从图书行业的供应链、运营经验、用户接受程度等几个指标上看占据明显的优势。

第二节　京东挑战低毛利书市

京东将“上帝之手”伸向线上图书产品并不能拯救图书市场此前因推行低价策略而导致的整体毛利率过低的情况。出版类图书的跌价速度并不亚于瞬息万变的IT数码产品。

相关链接》

每单交易的平均价值对比

各大网站每单交易的平均价值对比：

新蛋网每单交易的平均价值为900元。

卓越亚马逊每单交易的平均价值为100元。

当当网每单交易的平均价值为100元。

京东图书每单交易的平均价值为400元。

此前京东CEO刘强东明确表态“京东5年内不会涉足在线图书销售市场”，理由便是“国内图书市场由于盗版导致行业利润率极低，经营的利润根本不足以抵消经营的成本”。

京东图书的考验

业内人士曾有“京东进军百货以及图书行业不仅印证了多元化发展，也有很大可能是为提高整体毛利率”的说法，然而，有数据显示，在线百货、服饰毛利率为20%～50%，而线上图书的毛利率则仅为5%～10%。

很显然，京东涉足线上图书产品并不能拯救因推行低价策略而导致的整体毛利率过低的情况。相反，出版类图书的跌价速度并不亚于瞬息万变的IT数码产品。

京东的仓储物流体系未来会更多地面临配送成本、库存管理、品种效率管理等若干难点，此前京东表示要“选择用户”、不为用户送货上楼便已然暴露出了自己的“难言之隐”。随着近期已然成为热点的国内物流成本上升的现状，虽然京东不断成长的物流体系能够规避一部分的成本风险，但线上图书业务过低的单张订单金额和数量不菲的物流配送成本仍然会再次考验京东一向精打细算的敏感神经。

京东图书的未来市场

城里的人要出去，城外的人要进来。如今京东这个“新人”不但进来了，而且还在明修栈道，暗度陈仓。

不过，对公众舆论一向老道的京东还给业内留下了一个悬念，京东使用低价策略经营的京东图书业务很可能会沦为京东用以促销其他主体品类商品的跳板和工具，此前一直执着并专注于线上图书业务的石涛能否甘心承受随后未达预期的盈利业绩曲线上的落差，有待未来回看。

有一点可以断定的是，京东卖的不是书，而是与竞争对手的博弈。

【拓展阅读】电子商务将助力图书行业突破瓶颈

电子商务将助力图书行业突破瓶颈

在2010年11月1日，京东也加入线上图书市场，开启了其网上售卖图书的新局面，京东图书频道上线，图书与手机数码、电脑办公商品并列成京东的大分类产品。京东此次进入图书市场，其实“醉翁之意不在酒”，京东的目标是更为广阔的市场空间。

零售分析师表示：“与其他传统行业的电子商务不同，图书业的电子商务现在已经形成一定规模，应用也很广泛，除了现在很常见的网购图书之外，数字图书馆其实也算是一种行业的延伸。现在中国电子商务的发展已经很快了，越来越多的销售商正在向往更广阔的平台，甚至追求上市。”

“在国内，提到图书电子商务首先肯定想到的是当当网，其运作模式已经成型。优势在于低成本控制与销售图书品种多样化，并且有比较成熟的物流配送体制，且销售定位比较准确。”

“现在我国图书行业令人困惑的是，一本书的信息无法准确到达终端读者。”

“中国图书行业，传统的信息交流手段和交易方式是落后的。从国家新闻出版署方面看，由于属于事业性体质和营销观念淡薄，以及不以客户为重心的经营机制等多重原因，造成其市场调查不力、读者反馈信息缺失，从而导致选题失误、印量不当等后果；从书店方面看，图书交易周期太长，从出版社下订单到货品上架，往往要1个月甚至更长的时间，这对销售极其不利，特别是对补货而言尤其如此。据不完全统计，一个书店每年搜集信息所需要的费用大约占成本的20%，小书店根本无力支付。”

图书和电子商务的结合或许是解决这一系列问题最好的办法。目前，最有可能解决书目信息的标准化问题的是数字图书馆、电子出版、网上书店等许多新的出版信息化形态。

“基于标准化信息的交易商务平台在我国已经建立，如当当网等网络书商，但是依然存在一些问题，在功能方面，望能够加强以下三点：一是完善为发行集团和供货商系统提供服务的B2B交易平台，通过这个平台使发行集团的采购业务、进货业务更加高效、快捷、简单、标准化、信息化；二是完善为发行集团总部与连锁书店或客户双方提供服务的B2B交易平台的订添货功能，使发行集团总部能通过这个平台及时了解连锁点或客户的配送品种的进销存情况以及流转单据的反馈情况；三是完善物流体系，使其更快捷地完成代储、代运、代结算等业务环节。”

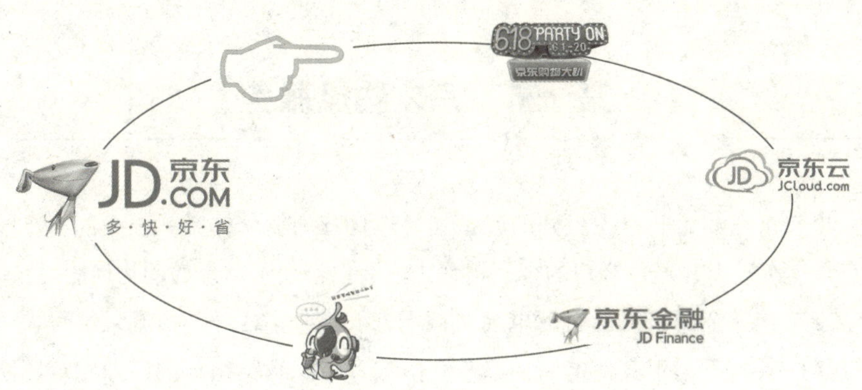

第五章
一站式服务——京东物流

导言：

如果说2007—2014年这7年京东物流的核心是布局重资产，那么，从2015年开始，京东物流就应该是敏捷供应链运营的核心。这与京东2015年新战略（O2O社区战略、渠道下沉战略）息息相关。物流系统对于京东来说具备重要的战略价值，是驱动京东到家O2O、敏捷供应链、全品类扩张（特别是生鲜）、末端众包物流等新战略的关键。

第一节　京东物流服务

提起京东，人们首先想到的就是其自建自营的物流体系。强大的物流能力一直是京东吸引并抓住客户的金字招牌，给客户带来了良好的购物体验。

京东作为全国最大的自营电商，截至2015年7月21日，物流系统覆盖全国2050个区县。不同于其他电商，京东有由数万名配送员组成的专业物流团队，且率先推出了“211限时达”“次日达”“极速达”“夜间配”“自提柜”等多种个性化配送服务，为客户创造了良好的购物体验。京东的配送方式也成为电商行业的标准。具体如下表所示。

表5-1　京东配送方式

配送方式	内容
“211限时达”	当日上午11：00前提交的现货订单（部分城市为上午10:00前），以订单出库后完成拣货时间点开始计算，当日送达；23:00前提交的现货订单，以订单出库后完成拣货时间点开始计算，次日15:00前送达。截至2015年7月31日，“211限时达”已覆盖全国135个区县
“次日达”	在一定时间点之前提交的现货订单，以订单出库后完成拣货时间点开始计算，将于次日送达。截至2015年7月31日，“次日达”已覆盖全国951个区县
“极速达”	京东为客户提供的一项个性化付费增值服务。客户通过“在线支付”方式全额成功付款或“货到付款”方式成功提交订单，并勾选“极速达”服务后，京东会在服务时间内，3小时将商品送至客户所留地址。截至2015年7月31日，“极速达”业务在北京、上海、广州、成都、武汉、沈阳6个城市提供服务

续表

配送方式	内容
“夜间配”	京东为客户提供的更快速、更便利的一项增值服务。客户下单时在日历中选择“19:00～22:00”时段，属“夜间配”服务范围，京东会尽可能安排配送员在客户选定当日19:00～22:00送货上门。截至2015年7月31日，“夜间配”业务在北京、上海、广州、成都、武汉、沈阳6个城市提供服务
“自提柜”	京东为方便客户收货、为客户提供的一种固定地点提货的模式。客户在提交订单时，选择“上门自提”，选择离自己最近的提货地点，订单到达自提点后，系统会以短信形式告知客户；目前所有上门自提服务均免运费。截至2015年7月31日，京东在全国37个城市铺设上千台“自提柜”，并在不断增加当中

“211限时达”

“211限时达”服务说明

至2015年7月31日，“211限时达”服务共覆盖全国135个城市，由于京东业务在不断发展，“211限时达”服务也会不断扩大配送区域，为更多的客户提供便捷的服务，具体区域的变更，以京东官网公布的信息为准。在北京、上海、广州、成都、武汉、沈阳6个城市订购京东的商品，可当天取件。

图5-1　京东“211限时达”页面截图

“211限时达”注意事项

“211限时达”的服务范围不包括第三方卖家发货订单、图书商品等，即使是京东的自营商品，“211限时达”服务也会受到诸多因素的影响，如交通管制、大雨雪、洪涝、冰灾、地震、节假日、“6·18”周年庆、停电等。具体情况以京东官网公布的信息为准。

“次日达”

“次日达”服务说明

至2015年7月31日，“次日达”服务共覆盖全国151个城市，由于京东业务在不断发展，“次日达”服务也会不断扩大配送区域，为更多的客户提供便捷的服务，具体区域的变更，以京东官网公布的信息为准。

图5-2　京东“次日达”页面截图

“次日达”注意事项

“次日达”的服务范围不包括第三方卖家发货订单、图书商品等，即使是京东的自营商品，“次日达”服务也会受到诸多因素的影响，如店庆及其他不可抗力因素导致的意外情况。具体情况以京东官网发布的信息为准。

【拓展阅读】天猫叫板京东推“次日达”

天猫叫板京东推“次日达”

2015年6月16日起，天猫正式启用“次日达”快递服务，并且新增了《天猫次日达服务规范》（以下简称《规范》）。《规范》显示，对于天猫商品，只要带有“次日达”标识或字样，商家将一律在次日23:59:59前为用户送达，这意味着，在天猫上尽情购物的消费者，下订单的第二天就能收到商品了。

只不过京东“次日达”服务要早于天猫，从京东自营商品自建物流开始就已逐渐实现了。2010年4月，京东就已正式推出了“211限时达”服务，即每天11:00前下订单，下午送达；23:00前下订单，次日上午送达。电商时代，拼爹拼价还要拼物流。在这项拼物流的服务中，天猫与京东棋逢对手，狭路相逢，少不了一场厮杀，只是未知鹿死谁手。

天猫平台上的快递公司有申通、中通、韵达、天天快递等，但物流速度普遍较慢。网购消费者对物流速度的要求逐渐提高，快递送得太慢常会引起网购消费者的不满和吐槽，甚至会流失一批客户。因此，国内电商平台亟须提升快递服务的品质，这已经是迫在眉睫的事，快递的效率问题是重中之重。

天猫即将开展的“次日达”服务将给京东当头一棒，虽不知名，但京东一直引以为傲的自营服务恐将遭到威胁，天猫跟京东势必要打一场硬仗。不过，天猫即将推出的“次日达”服务想要实现规范化并非一朝一夕就能做到，除了服务范围非常小外，还有诸多限制等问题也需要一段时间才能完善。

天猫上的快递公司繁多，阿里巴巴没有自己的物流配套设施，因此，这些电商很难监管合作的快递公司，尤其是一些小快递公司，而合作快递公司的不给力，也会对电商的发展造成一定的影响，所以，快递公司从业人员的素质，以及公司的规范化程度有待提高。

“极速达”

“极速达”服务说明

“极速达”配送服务是京东物流配送服务里的一项，速度比之前的“211限时达”快了2倍。客户通过“在线支付”方式全额付款或“货到付款”方式提交订单，在订单上勾选“极速达”服务，每张订单在原订单金额的基础上加收49元/单的服务费用，即运费（若商品被拒收、退货、换新、维修的，该运费不能退还），京东物流会在订单确认后3小时内将商品送至客户处。“极速达”也支持开箱验货，同时支持上门退换货服务。

图5-3　京东“极速达”页面截图

“极速达”服务时间

“极速达”服务时间与付款方式有关，如下图所示。

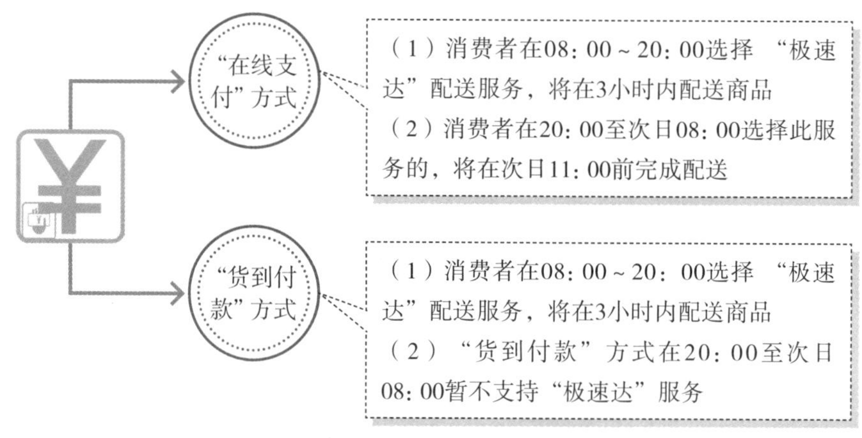

图5-4　“极速达”服务时间

“极速达”注意事项

京东只有一部分自营商品可以享受“极速达”配送服务，具体以京东官网公布的信息为准。“极速达”送货的商品，每张订单内商品数量不能超过5件，若选择的商品超过5件时，将不能享受此项服务。

“极速达”送货服务目前仅支持北京、上海、广州、成都、沈阳等部分城市的部分派送区域，未来将推广到其他城市，具体以京东的相关公告为准。如遇到店庆及其他不可抗力因素导致的意外情况，将可能视情况暂停此项服务。

“夜间配”

“夜间配”服务说明

京东“夜间配”服务范围包括北京、上海、成都、广州、武汉。由于业务发展变化、行政区域更名等因素，“夜间配”配送区域可能会不时扩大、变更或调整，具体请以京东官网最新发布的信息为准。

“夜间配”提供商品重量≤15千克，体积≤0.04立方米，金额≤5000元的订单（多个订单的，金额累计计算）的19：00～22：00送货到家服务。“夜间配”服务并没有覆盖所有京东商品，如订单超出“夜间配”服务标准，则无法在19：00～22：00将货物送达消费者手中。

图5-5　京东“夜间配”服务页面截图

“夜间配”注意事项

“夜间配”服务是为了方便消费者收取货物的一项增值服务。如遇交通管制、大雨雪、洪涝、冰灾、地震、节假日、店庆、停电等因素，则有可能暂停该项服务。由第三方卖家发货的订单、图书商品和大件（如大家电）商品等，均不在“夜间配”服务范围。为保护消费者及配送人员的人身财产安全，销售方也会根据收货地治安状况、特殊天气、意外事件等因素决定是否取消“夜间配”服务。

由于业务发展、行政区域更名等因素，“夜间配”配送区域可能会不时扩大、变更或调整，具体区域请以京东最新确认的为准。

“夜间配”的配送区域

“夜间配”的配送区域如下表所示。

表5-2　夜间配的配送区域

城市	配送区域
北京	五环以内、上地、西三旗、回龙观、天通苑、管庄、古城地铁沿线、大兴西红门、大兴黄村、石景山、通州地区、亦庄经济技术开发区、顺义区（左提路以西、顺平南线以北、高白路以东、机场北线以南）、昌平区（水库/龙水路以西、京藏高速以东、怀昌路以北、京通铁路以南）、房山区（城区以内）、怀柔区（城区以内）、门头沟区（城区以内）
上海	上海市全境
广州	白云区、天河区、海珠区、荔湾区、越秀区、黄埔区、萝岗区（萝岗街道、黄埔开发区、永和开发区）、花都区（新华、雅瑶、狮岭、炭步、花山、花东镇）、番禺区（除榄核、大岗外）、南沙区（南沙街道、黄阁）
成都	成都市绕城环线以内、高新西区、温江区（主城区）、新都区（主城区、大丰镇、天回镇）、龙泉驿区（主城区、同安镇镇中心、十陵镇）、青白江区（凤凰大道以南、巨石路以西、团结路以北）、郫县（主城区、犀浦、郫筒镇、进出口加工区）、双流县（华阳、东升、文星、白家镇；蛟龙工业港）、大邑县（主城区、晋原镇）、新津县（五津镇、邓双镇）、金堂县（赵镇）
武汉	武汉市三环以内、东西湖区（环湖中路以南、京珠高速以东）、汉阳区（三环之外、武汉经济开发区）、洪山区（三环之外、黄家湖大学城）

“自提柜”

2012年，京东“自提柜”悄然现身。“自提柜”是京东为有效解决顾客无法及时取货问题而提供的7×24小时免运费自助式提货方式，主要分布在写字楼、高校、社区、连锁便利店、交通枢纽等便民场所。截至2015年7月31日，京东已在全国37个城市铺设上千台“自提柜”，并在不断增加当中。

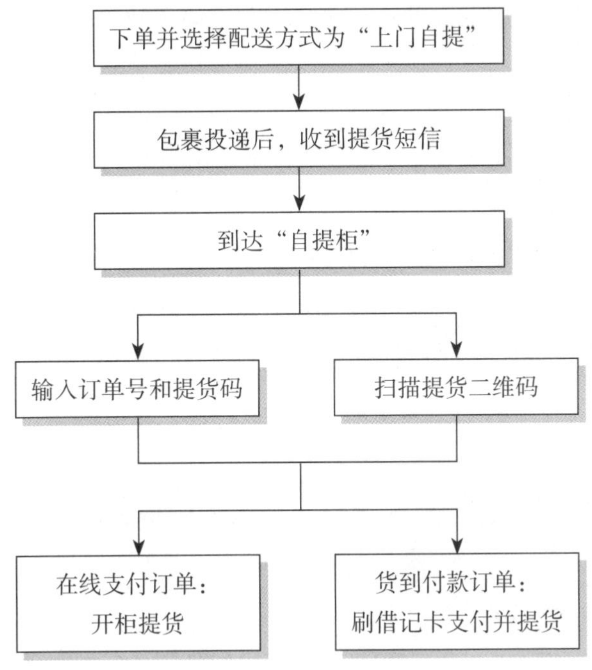

图5-6　自提流程图

相关链接 》》

“中俄快递——SPSR”

线上发货“中俄快递——SPSR”服务商SPSR Express是俄罗斯最优秀的商业物流公司，也是俄罗斯跨境电子商务行业的领军企业。“中俄快递——SPSR”面向速卖通卖家提供经北京、香港、上海等地出境的多条快递线路，可寄送重量为100克～15千克，尺寸在60厘米×60厘米×60厘米以内的包裹，运送范围为俄罗斯全境。

1. 线路介绍

（1）时效快：俄罗斯境内75个主要城市（包含莫斯科、圣彼得堡等）11～14日内到达，其他偏远地区31日内可到达。

（2）交寄方便：深圳、广州、义乌、杭州、上海、北京由揽收服务商燕文提供免费上门揽收服务，非揽收区域卖家可自行将包裹寄送至集运仓库。

（3）取件便利："中俄快递——SPSR"在俄罗斯境内260多个城市铺设900多个方便的自提点。

（4）赔付标准高：包裹丢失或损毁将提供赔偿，可在线发起投诉，投诉成立后最快5个工作日内完成赔付，赔付上限为1500元人民币。

2. 运送范围及价格

"中俄快递——SPSR"支持发往俄罗斯全境。

运费根据包裹重量按每100克计费，不满100克按100克计，每个单件包裹限重在15千克以内，包裹尺寸限制在60厘米×60厘米×60厘米以内。

表5-3 "中俄快递——SPSR"费用表

国家	仓库	配送服务费原价（根据包裹重量按g计费）元（RMB）/千克	挂号服务费元（RMB）/包裹
俄罗斯	燕文深圳仓	49.7289	26.1460
俄罗斯	燕文广州仓	49.7289	26.1460
俄罗斯	燕文义乌仓	49.5489	26.1460
俄罗斯	燕文杭州仓	49.5489	26.1460
俄罗斯	燕文上海仓	49.0989	26.1460
俄罗斯	燕文北京仓	47.4789	26.1460

表中价格为速卖通平台补贴价格，运费会根据每月初的最新汇率进行调整。

俄罗斯消费者每人每月可以累计接收价值在1000欧元以内，并且重量在31千克以内的境外包裹。若卖家寄出的包裹超出消费者的累计包裹金额或重量，将产生相关税费，此税费由买家承担。

3. 时效

对应俄罗斯境内各省份的时效承诺。

时效承诺：包裹按各区承诺时效抵达目的地（存在不可抗力因素除外），因物流服务商原因在承诺时间内未妥投而引起的卖家纠纷赔款，由物流服务商按照订单在速卖通平台的实际成交价赔偿，最高不超过1500元人民币。

第二节 京东供应链

2015年，电商平台如雨后春笋，迎来垂直细分式发展期。供应链金融因其市场稀缺性成为众多电商大佬们追逐的热门平台，这些大佬中当然也包括京东。

京东供应链“联姻”君融贷

2015年7月，京东作为国内领先的电商平台与专业供应链金融服务平台君融贷“联姻”，这是继君融贷为联想供应链提供定制化金融服务后的又一次供应链金融与电商平台的“联姻”。

君融贷以其互联网金融领域丰富的数据处理经验和风险控制水平等与京东供应链展开全方位的金融产品合作，同时也帮助供应商加快资金流转。京东在与君融贷的合作项目中，为其商户提供借款审批、质押物准入、贷款发放、质押价格核定、贷后管理以及质押物处置等服务，君融贷负责为京东的借款审批提供数据，对指定商户按照协商比例提供联合放款及质押物处置等服务。

供应链锁定电商竞争关键点

金融服务的升级和多元化，标志着供应链核心企业对商户主动权和主导权的掌握，以金融黏性吸附更多优质的商户在链条中发挥重要作用。

京东作为国内知名的电商平台，于2012年率先启动了京东供应链金融服务。随后，先后与中国银行、工商银行和交通银行等确立了供应链金融合作关系。

目前商业银行、互联网金融平台与互联网电商、物流“联姻”抢滩在线供应链金融已是大势所趋，信息互联网化、审贷数据化是今后在线供应链金融的发展方向。尤其是在“互联网+”纳入顶层设计的大环境下，京东、阿里巴巴、苏宁等电商乃至传统家电巨头海尔都需要依托专业的供应链金融服务平台，利用供应链金融服务平台满足链条上商户以及上下游企业的资金需求。京东因此选择与君融贷携手。

【拓展阅读】自营电商供应链究秘：网易考拉海购能否超京东

自营电商供应链究秘：网易考拉海购能否超京东

在京东凭借供应链扩张上演逆袭的电商奇迹后，2015年历史再度上演。采取自营直采模式的跨境电商网易考拉海购在上线半年多的时间内，保税仓仓储面积跃居行业第一，母婴、美妆等多品类销售增长速度为行业第一，品牌方直接授权量位居行业前列，发展速度和潜力让业界瞩目。

那么，网易考拉海购能否超越京东呢？行业人士普遍认为，供应链的核心在于物流链、供货链、支付链三大系统，比较京东和网易考拉海购的供应链发展历史，网易考拉海购较之京东可以说是青出于蓝而胜于蓝，极有可能超越京东成为新的成长奇迹。

物流链：网易考拉海购半年完成基本布局

京东并不是一开始就重视自建物流，从2004年上线一直到2009年春节爆仓的事故发生，才让京东物流链提速扩张。从2009年下半年开始，京东将所融资金的70%投掷在仓储和物流上，一直到2012年才在华北、华东、华南、西南建立了四大覆盖全国各大城市的物流中心，最终拥有傲视同行的物流配送体系。

与京东花费8年才建立物流体系的速度不同，以后发优势进入跨境电商的网易考拉海购一上线就拥有超常规的发展速度。2015年1月，网易考拉海购杭州保税仓就正式运营，面积为1.4万平方米，是杭州电商平台中最大的一个。6月，网易考拉海购与宁波市政府达成战略合作，随后建立的面积为2.6万平方米的保税仓同样是宁波保税区内最大的。据网易考拉海购内部人士透露，此前筹划的郑州保税仓预计6月底将投入运营，面积也将是当地数一数二的。又用了半年多的时间，网易考拉海购就已经达到京东用8年时间建立起的物流体系的标准。

供货链：网易考拉海购发展速度历史罕见

在2010年之前，京东的供应商还仅仅局限在3C数码品类，品牌供应商包括神州数码、联强国际、诺基亚等在内不超过200家。2010年C轮融资之后，京东才开始上线日用百货、图书音像、服装箱包、食品饮料、汽车等品类，直到2013年供应商才超过1万家。并且京东一开始就忽略了品牌商授权问题，2015年5月不断曝出苹果手机翻新、浪琴表翻新事件，相关商家都没有得到品牌商美国苹果、瑞士浪琴的授权。

在品牌供应商体系的打造上，网易考拉海购的发展策略和速度在整个电商历史上都是罕见的。网易考拉海购上线之初，就和100多家海外品牌商达成了采购协议，为了与品牌供应商达成更深入的合作，网易考拉海购在美国、韩国、德国、澳大利亚、意大利都设立了办事处，据内部人士透露，近期日本办事处也将投入运营。随着母婴、美妆、家居个护、保健品、进口食品等多品类的全速扩张，目前网易考拉海购已经有数百家品牌供应商。2015年6月，网易考拉海购高层还受韩国美妆巨头邀请赴韩洽谈更进一步的合作，狂揽数十个品牌直接授权。而且接下来网易考拉海购团队还将奔赴日本、欧洲，取得更多品牌授权。无论是供货链布局、供应商数量、品牌授权优势，网易考拉海购都进行高标准建设，后发优势非常明显。

支付链：网易考拉海购自建支付体系优势明显

京东在支付体系上更是后知后觉，此前一直是与支付宝合作，到2011年因为支付宝的费率问题，京东才弃用支付宝转而与银联合作。不过，京东并没有开发出自己的支付工具，直到2015年4月才和银联合作力推京东支付。除了支付工具滞后外，京东的供应链金融体系也起步很晚，“6·18”大促前夕更是单方面延长到120天账期，引发供应商不满，充分暴露供应链金融的不成熟。

随着支付工具在整个电商供应链金融领域中的地位日渐高涨，拥有自建支付工具的电商平台无疑更具备发展后劲。网易考拉海购自2015年1月上线之初，就布局了网易宝的自建支付工具，为用户提供便捷、安全的支付体验。与此同时，网易考拉海购依托网易集团提供完善的供应链金融产品，完成闭环金融支付体系的打造。与京东和其他竞争对手相比，网易考拉海购在支付链方面拥有明显优势，帮助其撬动更多的资金和资源，为其超常规的发展速度注入源源不断的动力。

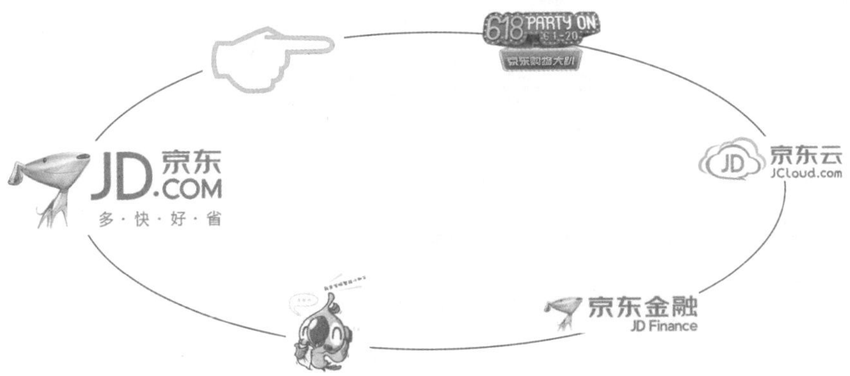

第六章 京东自有的仓储基地

导言：

中国电子商务研究中心主任曹磊认为，电商市场主要包括一二线城市、三四线城市、乡镇、农村四个层面，过去大家更关注一二线城市，但未来的机遇更多在后面三个层次的市场中，渠道下沉很重要，而本地化的仓储配置和物流配置体系网络的完善就成为电商的核心竞争力。“谁能够更好地掌握渠道优势，谁自然就能更快地占领市场先机。”以仓储与物流闻名的京东占了什么优势呢？

第一节 聚焦京东仓储

国内第一仓储——京东“亚洲一号”

2014年10月，京东“亚洲一号”正式投入使用。

“亚洲一号”位于上海市嘉定区，是当今亚洲规模最大、设备最先进的电商物流中心之一，共分2期，规划的建筑面积为20万平方米，当前已经投入运营的第一期项目定位为中件型商品仓库，总建筑面积约为10万平方米。

“亚洲一号”分为4个区域——立体库区、多层阁楼拣货区、生产作业区和出货分拣区。具体如下图所示。

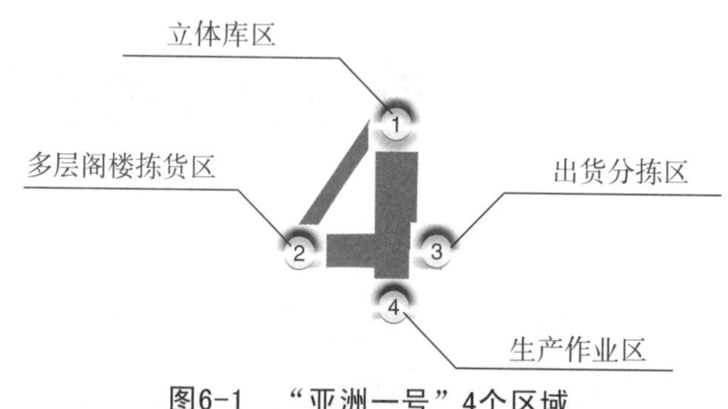

图6-1 “亚洲一号”4个区域

其中，立体库区库高为24米，利用自动存取系统，实现自动化高密度储存和高速拣货能力。

多层阁楼拣货区采用各种现代化设备，实现自动补货、快速拣货、多重复核手段、多层阁楼自动输送能力，实现京东SKU高密度存储及快速准确拣货和输送能力。

京东“亚洲一号”是国内最大的单体物流中心。这个位于上海嘉定区的物流仓库90%的操作均是自动化，达到了世界先进水平。

走进“亚洲一号”，第一感觉是“高、大、上”。

图6-2 “亚洲一号”全景图

“亚洲一号”仓库大多自动化，仓库的高度达到24米，而用叉车装卸的普通仓库一般只有9米高。

“亚洲一号”建筑面积达到10万平方米，储物区有七八层，每一层都是百米长廊，两边货架上根据标号不同，摆放着笔记本电脑、显示器、厨房用具等各类产品，“一天逛不完”。

图6-3 “亚洲一号”图

更炫的是“亚洲一号”的自动化程度。工人们只需要将货物放到机器托盘上，其余的工作将由机器代劳，机器会自动将货物摆放到指定位置。储物区每层楼只需要一名工作人员，大大节约了人力和物力。当需要发货时，工人会收到工作指示，将指定货物从货架上取下来，扫码后放到自动传送带上。自动传送带会将货物高速送往打包区，经电脑精密计算，包裹会自动配送到空闲的打包工位。然后，工人扫描包裹，机器自动打印出物流配送信息及发票，完成打包，整个过程流畅而有序。由于工人长期站立，为了缓解工人的疲劳，京东在每个打包点的地面贴了一层特制软垫，实现人性化管理。

图6-4　“亚洲一号”每层楼只有一位工人

接下来，已经打包好的商品重新回到流水线，经高低错落的传送轨道运送至自动分拣系统。系统自动扫描识别配送地点，然后将包裹传送到对应的货道，例如北京地区的包裹就会传送至标志着“北京”的货道，然后由工人用自动托运车运走。

商品在每一个环节都会被扫码，让消费者能随时随地准确地了解到商品的物流配送信息，给消费者提供便利。

图6-5 “亚洲一号”货道

“亚洲一号”的分拣处理能力能达到每小时1.6万件商品，而且是全自动化，已达到目前全球最高水平，购物者完全不用担心暴力分拣。

“亚洲一号”的仓库管理系统、仓库控制系统、分拣和配送系统等整个信息系统均由京东自主开发，拥有自主知识产权，所有从国外进口的世界先进的自动化设备均由京东进行总集成。

京东仓储基地登陆韩国

2015年3月26日，京东宣布京东韩国馆正式开启，此前就有京东法国馆登陆法国，这次京东韩国馆的开启预示着京东正式将海外市场的开拓纳入日程。

京东此次赴韩举行大型招商会，也正值中韩自贸协定刚刚草签完成。京东还计划在韩建立仓储基地，将“仓配客一体”物流模式复制到韩国，减少进口商品到达消费者手中的中间环节。

韩国购物网站G-market与京东签署协议，该品牌的官方旗舰店已在京东上线，该旗舰店将面向中国消费者提供包括个护化妆、母婴、食品、饮料等在内的韩国特色商品。

据统计，目前京东平台在售的韩国品牌商品涵盖手机通信、IT数码、服装饰品、化妆品、母婴用品、食品等品类。2014年，有380万部韩国品牌手机，超过402万台/件韩国品牌IT数码产品，近200万瓶韩国品牌洗护、美妆用品通过京东平台送到中国消费者的面前。

京东集团CEO刘强东（微博）表示："我提前2天来到韩国，实地简单了解了一下韩国市场。东大门市场是首尔的购物热门区域，随着中国与韩国通关及物流的打通，韩国商品配送到中国市场的物流费用将大幅降低，这使得京东有机会复制成千上万个东大门市场。"

刘强东称，为提升京东平台对用户特别是女性用户的吸引力，京东将通过自营直采和邀请韩国品牌商入驻等多种方式，引进韩国服饰、化妆品等特色商品，未来，京东不仅要将韩国商品引进中国，也将把中国的特色商品带到韩国。

京东"全球购"负责人表示，2014年京东平台上销售的韩国品牌商品交易额突破100亿元，未来3年有望破500亿元，京东有诚意与韩国企业合作，制定包括减免平台费在内的优惠措施。

京东称，还将加大海外直采和招商力度，接下来京东"全球购"团队还将去往日本、澳大利亚、美国及欧洲多个国家开通国家特色馆。2015年将是京东进口业务全面布局的元年。

京东"联姻"SPSR Express——首创"仓对仓"提速跨境配送时效

京东于2015年5月15日与俄罗斯快递运营商SPSR Express签署合作协议，首创"仓到仓"物流模式。业内人士表示，这是京东加速布局出口跨境电商、抢夺俄罗斯消费市场的重要措施。

据悉，俄罗斯和新加坡是京东最新看中和看好的两大目标市场，特别是俄罗斯。京东曾在2014年宣布，计划在俄罗斯和东南亚地区建立仓储系统，未来的跨境电商可能会实现成本更低的打包过关模式，以替代此前的零散清关。与SPSR Express的合作，将可能提前实现这一清关模式。

SPSR Express是俄罗斯物流巨头，相较于俄罗斯邮政在时效上有着明显优势。其在俄罗斯联邦境内拥有9个分拣中心，在200个城市有分支机构，拥有超过1000个自提点，4000名雇员，为俄罗斯联邦超过6000个城市提供服务，大大提高了俄罗斯人民跨境购物的便利性和时效性，给予了全新的购物体验。

跨境电商争夺战不再仅仅处于考虑价格因素的初级阶段，提升产品质量和售后服务成为脱颖而出的必经之路。京东能在国内电商混战中杀出重围，高效的物流配送是最为亮眼的服务之一。联手俄罗斯本土物流巨头，可以让京东在俄罗斯建立本土化的物流配送及售后体系，大幅缩短俄罗斯联邦境内的配送时间，提升当地消费者的购物体验，这正与其在国内“多快好省”的理念不谋而合。

第二节　京东的仓储物流下沉到三四线城市

从2014年年底开始，京东的农村电商战略全面展开，全力拓展三线以下城镇和农村的市场，为推进农村电商战略铺平道路。

随着互联网的普及，农村电商走进千家万户。中国农民比例很大，对于电子商务来说，农村电商也是一块巨大的蛋糕。作为电子商务平台的领军者，京东也开始大规模进军农村电商的战略市场。

京东选择在宿迁建仓

京东的渠道下沉战略已被提上日程，为了配合这一战略，京东选择在宿迁建仓。

2015年6月2日，京东宿迁仓正式运营，覆盖范围暂定为宿迁市及周边的连云港、淮安、徐州。

宿迁仓目前只支持自营业务，面积近万平方米，是京东的全品类仓，主要负责全品类的畅销商品库存。对于未来高潜力的发展城市，京东会逐步下沉，最终实现全面覆盖，深入搭建京东特有的二级库存网络，从而提高二三级城市客户的211配送体验。

截至2015年3月31日，京东已在全国范围内拥有7大物流中心，在43座城市运营143个大型仓库，覆盖全国范围内的1961个区县，且全部自营。

京东渠道下沉的优势

现在各大电商巨头的物流争相下沉到三四线城市，在农村电商领域忙得不亦乐乎，但是，经营农村电商难度很大，农村电商的普及还需很长时间，非一朝一夕之事。当前制约农村电商发展的因素还有很多，如互联网普及率、生产、销售和物流等。

农村的互联网普及率远不如城市，这将使农村电商的培育期相对拉长。农村人群对电商运营理解的基础也比较薄弱，大部分人没有接触过互联网购物，需要互联网电商企业投入较大的精力向农村输入运营经验模式，带动一些品牌的生产、销售。而且，农村人口分散对于物流而言也是一个不小的挑战，这使得物流建设成本较高。

与其他电商相比，京东具有4点天然的优势，具体如下表所示。

表6-1　京东物流下沉优势

优势	说明
自营物流先行	由于农村消费者居住地偏离城市中心，因此很多物流公司都无法触及，农村消费者很难享受到和城市消费者同样便捷的送货上门和售后服务。截至2014年第三季度末，京东自建物流体系覆盖区县已增至1855个，提供当天送达的“211限时达”服务和“次日达”服务的覆盖区县数量，由第二季度的111个和622个分别增长至130个和815个。全国领先的自建物流系统，能够保证京东销售的商品更加快速便捷地送到农村消费者手中
自营采销体系	由于电商人才缺口较大，各县市普遍存在“有好的产品，但没有好的运营团队”等问题，严重缺乏电商运营人才，希望专注于生产的企业在诸多电商平台单一的开店模式面前，望而却步。为解决电商运营团队不足的问题，并将更多优质的原产地特产品从田间地头送到城市消费者的餐桌上，京东将在开放地方县市特产馆的基础上，在特产馆中选择优良特产进行采购自营，解决部分优质产品生产企业网上经营的难题。2014年9月，京东作为阳澄湖大闸蟹唯一认证的电商合作平台，将新鲜的阳澄湖大闸蟹送到消费者的餐桌上，把原产地直供做到极致

续表

优势	说明
注重规模发展	京东将全面发挥全供应链管理优势，大力推动规模化的电商发展模式，引导“小生产、大市场”的生产消费模式向“集中需求、定制采购、规模生产”的消费生产模式转型升级，配合当地政府解决千家万户线下生产、千家万户网上开店的落后生产流通模式，将社会化生产和社会化分工与电商的规模优势进行有机结合
引入县域合作	京东在与农业生产流通企业合作、开展网上销售和直营采购的基础上，与市县电商平台和传统商贸企业开展合作，联手整合农村流通网点基础设施，根据各地发展的实际和不同需求，提供产品方案、代购政策等多种合作模式

【拓展阅读】京东物流网络下沉，把大家电卖到了西藏

京东物流网络下沉，把大家电卖到了西藏

2015年4月24日下午，随着第一批价值约30万元的货品离开西南仓储中心，京东正式启动了西藏地区大件配送业务，首批开通的地区包括拉萨及周边地区。至此，京东完成了大件配送服务在中国内地最后一个省会级城市的覆盖。

此前，由于交通不便，西藏地区的许多小件配送，部分电商企业需要10天甚至更长的时间来完成，大件配送就更加是个难题。此番京东大件配送力争缩短配送时间，从消费者下单到收到商品，最快在4天左右。另据界面新闻记者了解，阿里巴巴进藏平均是1周左右，而苏宁易购进藏则需要更长的时间。

“这是由于西藏地处偏远地区，物流成本很高。”京东西南地区总经理李晨说，运送15公斤以上的大件，其物流成本是日常配送到其他地区的2～3倍。

通过投入铺设大宗商品的物流渠道，京东希望建立与三四级市场的联系，开通类似于“京东白条”这样的金融类服务，跟农村消费者建立信任关系，以便未来将三四级市场的生鲜农产品通过京东渠道，直接送入城市家庭。

“未来，比如成都龙泉的枇杷，可以在30个小时之内出现在北京城市家庭的餐桌上，西藏的农产品，当然也可以出现在其他地区。”李晨说。

截至2015年5月4日，京东已向内地31个省会城市、273个地级市、1251个县市、2045个区县提供包括大家电在内的大件配送服务，并支持货到付款、POS机刷卡和售后上门服务。京东也依靠这个物流系统在43个城市实现“下单当日投递”，在265个城市实现“下单次日投递”，两者合计占订单总量的70%。

早在2011年9月，京东已在西藏开通了中小件配送业务，并建立数个配送站，消费者可以购买小家电、手机、服装等商品。此次首批开通大件配送的区域包括拉萨及其周边地区，消费者通过京东网站、微信、手机QQ和APP客户端，均可网购大家电等大件商品，享受送货上门、货到付款的服务。

2014年发布的支付宝10年账单数据显示，西藏成为中国移动支付比例最高的地区。随着通信网络和物流产业的发展，电子商务快速起步，网购已成为西藏消费新常态。

公开资料显示，2014年拉萨市城市居民人均可支配收入达23350元，城镇化水平进一步提高。中国电子信息产业发展研究院最新发布的《2014年家电网购分析报告》显示，2014年京东的销售额占到整体家电网购市场的59.8%，比2013年增加4.2个百分点，大家电销售额占到线上市场的65%。

根据规划，京东未来还会进一步拓展在西藏的配送业务，包括在西藏建设京东帮服务店，京东帮服务店定位为农村大家电“营销、配送、安装、维修”一站式服务，主要建设在四至六级地区的县城和乡镇。

据阿里巴巴集团研究院的预测结果，到2016年，全国农村网购市场规模有望达4600亿元。但由于农村消费者住所往往比较分散，订单密度也比较小，因此很多物流公司无法触及。电商要想分得农村网购市场这块蛋糕，其关键正是在农村物流方面。

2014年，国家邮政局推出了快递“向西、向下、向外”工程；阿里巴巴集团也在同年10月宣布启动“千县万村”计划，要在3～5年时间里投资100亿元建立1000个县级运营中心和10万个村级服务站。而京东从2014年11月在河北赵县开出第一家京东帮服务店以后，截至2015年4月25日，京东帮服务店覆盖全国超过500个县级地区，覆盖全国超过16万个行政村。

第七章 京东的核心技术

导言：

刘强东说过：“我们之所以强调要自营，而且坚持自建物流，核心目的是通过技术手段来降低供应链成本，提升供应链效率。”那么，支持京东如此庞大的销售与物流体系的技术核心是什么呢？

第一节　大数据平台

京东大数据平台从无到有，从集中式到分布式，从Oracle数据仓库到京东大数据平台W2.0，一直在探索两个问题：

（1）如何建设电商特有的复杂业务的数据仓库？

（2）如何在保障安全的情况下降低使用数据的成本？

京东高速的增长、迅捷的供应链、庞大的团队规模等内幕，对于业界来说，一直非常神秘。随着成为中国B2C领导商及在纳斯达克上市，京东越来越需要开放自己，与业界进行更好的交流与融合。

对于刚刚成长起来的京东大数据平台来说，数据产品并不是一个新鲜事物，在2011年自建数据仓库上线的同时，第一款数据产品调度平台也一同上线并正式投入使用。

调度平台

订单交易、仓储物流等众多京东系统都会产生大量数据，那么，这些数据如何统一汇总到数据仓库来呢？这就需要调度平台来实现。京东调度平台发展至今已经是3.0版本，每一次的更新迭代都是京东技术突破与功能升级的具体体现。

调度平台 3 个版本的特点如下表所示。

表7-1　调度平台 3 个版本的特点

版本	特点
1.0版	1 台服务器作为中心节点指挥调度，另外3台服务器负责相关数据作业，任务之间通过后置变量的方式设定前后依赖关系

续表

版本	特点
2.0版	上线了新的调度引擎、任务可视化配置与浏览功能、任务运行状态监控预警功能、虚拟节点的功能
3.0版	实现了数据生产的半自动化运行机制。自主研发的抽数模块Plumber也在这个版本中上线，服务器运行状态的监控系统Phenix也集成到调度监控中

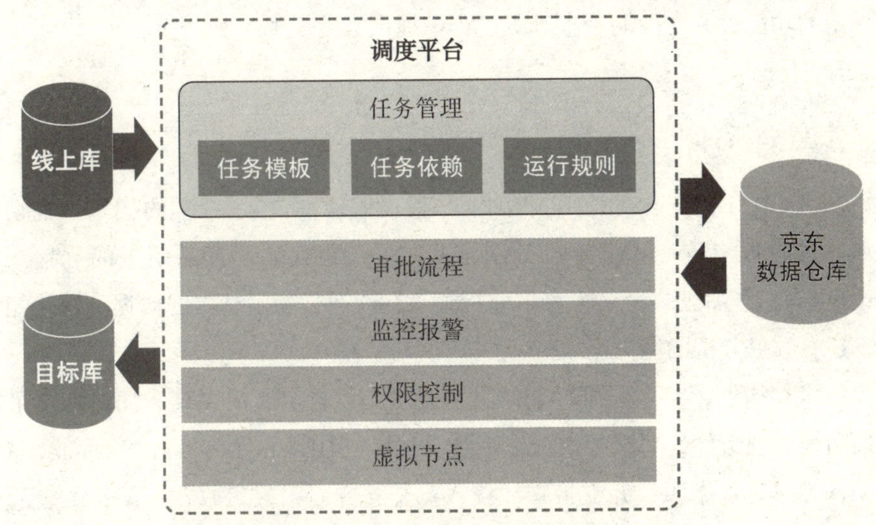

图7-1　调度平台1.0版架构

作为大数据平台的核心系统，调度平台不仅要承担数据生产的重要使命，也要负责集市数据推送、模型数据加工等任务。之后的功能升级迭代会在增强生产能力的同时更加注重自动化服务及开放运营等平台产品的特性，为大数据管理及挖掘大数据价值提供可靠保障。

数据集成开发平台

数据集成开发平台是京东大数据发展的一个里程碑产品，它的出现结束了数据分析师和业务部门数据需求人员通过客户端工具手工提取数据的痛苦经历，并对后来的数据知识管理平台等诸多产品的出现产生直接影响。2015年第一季度，平台用户接近3000人，数据订阅任务总量逾8万个。

数据知识管理平台

数据知识管理平台产品的出现是个水到渠成的结果，在数据仓库模型规范确定之后，元数据信息也有了标准的分类体系。按照标准的分类体系可将元数据信息分门别类地进行管理，同时提供内容搜索、类似Wiki的编辑维护以及咨询评论的功能，并在后期版本升级过程中提供维度表的维护功能。

京东分析师

Apricot、Blueberry、Cloudberry是报表展现平台3个版本的代号，也是产品域名的首段字符串，首字母分别是A、B、C也代表了产品演进的过程。至Cloudberry，产品正式命名为京东分析师，这款产品除了基本的数据可视化能力外，还有数据分析的能力。

技术架构上，京东分析师前端自主开发了可自定义的展现布局，配置了丰富的图表展现组件，后端报表配置系统支持My SQL、SQL Server、Oracle、API及Hive等作为数据源，并支持在线接入。交互方面，报表收藏、基于图表的条件过滤、数据排序、深度钻取是其基本功能，自定义报表页面还提供邮件推送报表的功能，系统还可通过邮件的形式定期发送重要报表数据供用户查阅。

数据挖掘平台

京东数据挖掘平台产品定位为构建一站式的数据挖掘算法平台，根据实际业务开发定制算法，并满足算法应用场景。平台采用基于内存的存储引擎，集群资源调度与管理以Hadoop Yarn框架为基础，保证了集群计算性能的高可利用性和高可扩展性，减少了数据实体化的开销。其主要利用分布式计算，采取适用于机器学习算法的计算模型进行迭代，以解决大数据量的算法处理问题。

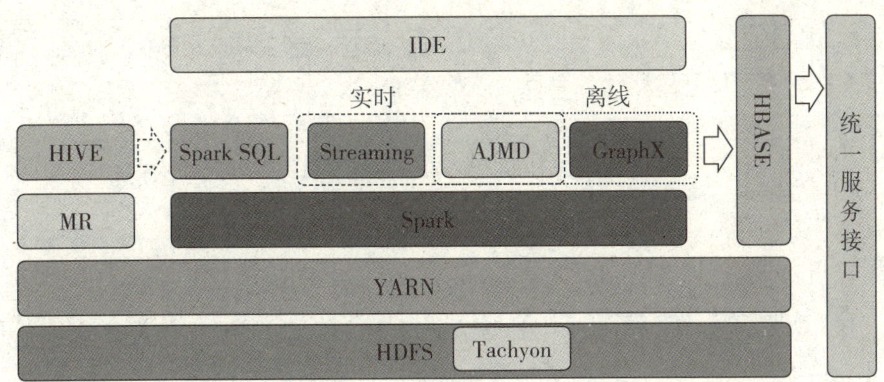

图7-2　数据挖掘平台架构

自2014年年中正式推出后，数据挖掘平台已开始为推荐系统、广告系统等提供个性化的数据挖掘算法服务。

数据质量监控平台

数据的及时性、准确性和完整性关系到一系列数据应用的效果，大数据平台建设之初便已着手实施数据管理的相关工作，统一数据计算口径，设置数据校验规则，以保证数据质量。数据仓库升级之后，对于数据质量的关注程度更高，于是便从产品层面进行管理，从根本上提升数据质量。

数据质量监控平台的基本功能包括数据生产过程中的质量检验、数据入库后的质量评估以及全部生产日志的扫描存档并生成数据质量分析报告。数据生产过程中的质量监控主要是对数据生产中源表结构的变化、字段信息的一致性进行规则校验，并依据校验结果进行质量评估，对存在质量问题的数据进行自动重跑并通知后续依赖任务。入库之后的数据检查可具体到字段粒度，可以对枚举值、字段类型，甚至数值型字段的最大值、最小值及均值等进行规则校验，以确定数据是否在合理的范围内变化。

京东慧眼——C2B智能决策系统

基于电商大数据，京东慧眼主要用来实现下图所示的对全品类的数据分析。

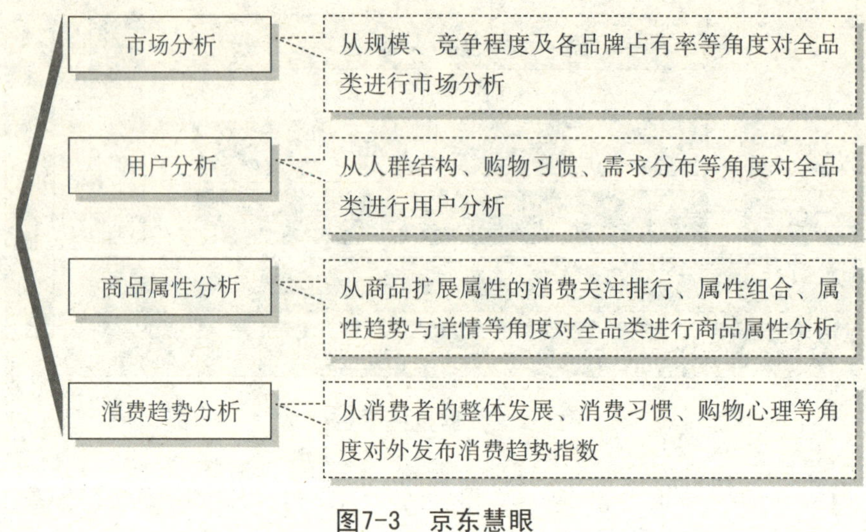

图7-3　京东慧眼

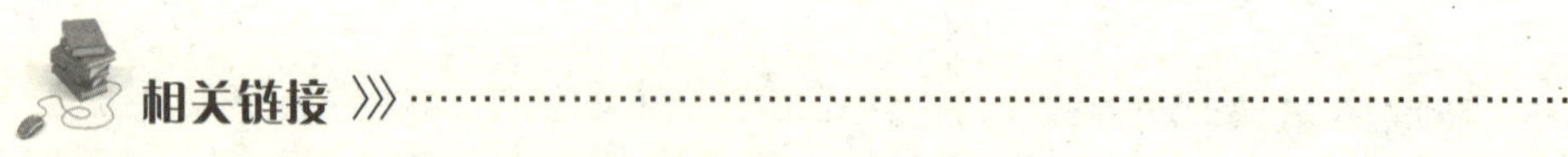

打造最有影响力的技术团队

京东的技术力量，通过京东的线上平台展示与线下的配送体系便可窥得一二，而京东前高级副总裁李大学在《京东技术解密》一书前言中阐述了如何打造这样优秀的技术团队，全文如下：

2008年我加入京东，见证了京东技术团队从30人至4000人的成长历程，也见证了京东是怎么从以业务为主的公司，变为以技术驱动的公司。下面，结合京东具体的事例来讲一下我的见闻和感触。

京东研发组织架构

至2014年10月，京东技术团队有超过4000名员工，拥有北京、上海、深圳、成都、沈阳5大研究院。

京东的系统比较复杂，涵盖电商全流程全价值链，从前端的交易系统到供应链，到仓储、配送、客服以及售后，除了财务报表之外，几乎全部系统都是自己研发的。京东的全部业务都在线上运行。京东CEO刘强东现在1年时间里只有一两个月在国内，大部分时间在国外。他现在通过信息系统可以看到所有的生产情况，所有的数据一目了然，比如说仓储某个环节拥堵了他都知道。

京东的信息系统支持了京东连续多年以高于行业平均增速的速度增长——2013年市场交易额突破1000亿元，达到1255亿元。10年时间，实现了10000倍的增长，背后靠的就是信息系统。

在2013年年中，京东以“电子商务”为基础的“四驾马车”的战略已经基本完善，包括电商业务、物流平台、技术平台和互联网金融业务。在围绕管理提升、组织能力和组织协同方面，京东也正在进行更多有益的探索和尝试。京东正在发生一个蜕变，从一个中国型的电子商务公司，变成产业链的整合者。而京东战略的核心，还是要以技术为驱动。

组织架构调整：研发体系分为9大模块4个平台

管理4000人的团队，我觉得组织架构优化是比较重要的一件事。以前京东的技术团队一直是职能化结构：产品部、研发部、测试部以及运维部门。而当我们的产品线和项目多了以后，人也多了，要分优先级就非常复杂，沟通也要非常多，部门协作就很困难。

京东2014年对技术团队做了调整，研发体系分为9大模块，基本上是按照客户、事业部的组织形式来划分的。

其中，云平台和运维两个部门主要负责底层的网络服务，以及解决顶层的技术架构问题，是提供技术支持的平台。同时负责研究统一的研发工具，包括日志、监控和流程引擎等，通过这些工具可以提高其他研发部门的效率，也使它们不用再重复开发组件。由此可见，这两个部门的职能是提供基础设施，提供统一的工具和平台。

营销研发部面向采销体系，采销体系主要是做网上营销的，是我们整个公司的火车头。我们为采销体系开发了3大系统：一是交易系统，保证交易系统的稳定，同时实现网站转换率提升、用户体验优化；二是供应链系统，与供应商连接，对订货量进行预测，很多相关的供应链控制手段也是在该部门实现的；三是开放平台，要把整个供应链系统开放给第三方卖家。

运营研发部是针对COO体系，也就是订单生产体系的，仓储系统、配送系统、客服系统都是由运营研发部负责的。

职能研发部主要是职能体系的内部信息化管理部门，涉及诸如行政、人事、战略等职能体系，也包括我们的财务部门。

营销研发部、运营研发部以及职能研发部这3大部门支撑了我们内部所有的业务，而其他部门都是为这3个研发部门服务的。

大数据部提供统一的大数据技术平台。数据平台是基于Hadoop的，在这上面做统一数据的采集、抽取、存储、处理、挖掘，以及开发一些数据增值产品。我们的搜索、推荐系统，开放数据服务都是在大数据部完成的。

移动部负责客户端的建设和创新，是一个发展非常快的部门。

研究院是一个统称，我们有一个专门的部门负责全国研究院的建设。

最后，我们还有一个部门，类似综合管理部，叫技术研发管理部，主要负责管理体系的建设，包括SQA、PMO、1个IT服务台，以及24小时的监控与运营。

我们有一个400电话，系统有问题的时候，外部和内部都可以通过打这个电话进入处理流程，先由运营人员处理，处理不了的交给研发部门。之所以把研发部门往后放，是因为研发人员是不愿意直接处理问题的，他们更愿意写代码。通过运营部门的过滤，80%的系统问题都已被直接处理掉了。

整个结构调整，我觉得还是比较成功的，大大提升了客户的满意度。以前的客户需要跟我们很多个部门沟通，现在只需要跟1个部门沟通，而每一个部门的客户都是明确的，所以部门的主要职责可聚焦为提高客户满意度。

虽然我们有9个部门，但实际上我们把整个研发团队分成了3个层次4个平台：

第一层次是技术平台。主要基于之前提到的云平台和运维这两个部门，打造基于云的技术架构，支撑其上所有的应用。

第二层次有2个平台。第一是大数据平台。我们把数据独立出来，不能让每个应用都处理数据。如果每个应用都处理数据的话，这些数据就乱了，而且这些数据可能形成孤岛，很难共享，很难在整个企业里面流通。第二是电商开放API平台，我们把电商的核心平台建立起来，同时以API服务的方式进行服务，这对价值链长、流程和系统复杂的公司来说是很重要的。

第三层次是应用平台。因为有了以上2个层次作为支撑，在上面进行具体应用就非常方便了。所以我们的应用平台，包括我们自己的网站、移动客户端、内部的ERP及外部的ISV开发应用，都可以调用电商核心API，同时相应的数据都进入大数据平台。而且，这些应用都可以在应用平台上实现。

在京东，我们针对企业架构有一些比较好的实践，大家可以对比一下，参照这样的模型打造我们的信息系统有什么好处。以前我们要开发一个需求时，不得不从前端的网站开始梳理，然后是采销系统，再到仓储、配送。因为整个价值链很长，需要大量的沟通和配合。现在通过电商开放API就很简单了，减少了各个系统之间的沟通和耦合。由于电商业务发展比较快，这种开发应用的模式更适合业务部门快速变化的需求。

通过这4个平台，大家看到这里面有一个逻辑，最底层的实际上是我们的技术架构，用来解决架构的问题。其上的数据起数据治理作用，API平台解决服务治理问题。开发都是基于SOA的，大家都使用某个服务的时候，就会出现混乱，需要治理平台来加以解决。这三个关键把握住，应用平台上面的应用就可以变得丰富多彩，我们的系统逻辑也会比较清晰。

IT管理123：1个愿景、2个重点、3个体系

MBA、EMBA这些理论都是来自生产线，从一线工人那里来的，这些管理理论现在对IT 来讲都不成熟，所以在IT 管理方面我们正在探索。

首先，要有一个愿景。几十人的团队靠身体力行，几百人的团队靠体系，几千人的团队要靠愿景。有愿景以后团队就有使命感、自豪感和成就感。

两个重点工作，一个是文化。团队大了以后，文化、氛围是最重要的。

对整个公司来讲，比如老刘，再如其他业务部门的高管，他们能不能尊重技术，公司能不能形成尊重技术的氛围，这是公司的技术总负责人要考虑的。我要打造一个环境，尊重这些专家。

在研发部内部，我提了3个词，第一是信任，第二是分享，第三是成长。

信任就是授权，信任可以减少沟通的成本，上级对下级、下级对上级、同级之间都要形成信任的氛围。比如说研发人员有可能制造了一个事故，你认为他是故意的，还是为了创新？你违背流程，犯错当然是要惩罚的。然而，京东定了一条规矩，因为创新出错，我们是宽容不惩罚的。宽容失败在研发体系里可以形成一个氛围，这也是基于对员工的信任。

分享是指分享最佳实践。4000人的团队里面一定有一些人在某方面做得很好，我会让他们分享，供其他人学习。我们也提倡容忍失败，从错误当中吸取教训，获得经验。学习最佳实践，从错误当中学习都是为了分享经验，为了进一步提高。开发人员每天都写代码，会有一些值得骄傲的代码，2013年我们开展了代码分享活动，让他们秀出来给其他人看。这些代码不需要形成一个系统，可能只是自己的一点心得。每周五下午的这个活动，非常火爆。这样程序员在写代码的时候，就想写出好的代码，在学习别人的代码的时候，就想模仿别人的长处。我们内部有一个类似Git Hub的软件，可以让程序员把分享的代码放在上面。分享对研发人员来说是很重要的，可以帮助研发人员快速成长。

关于成长，因为研发人员大多是年轻人，普遍希望学习和成长，我们就在内部打造成长的文化，包括给他们培训。京东的技术人员是按T1～T6分级的。T1是学校刚出来的，T2是毕业两三年但水平还不足的，我们让T3、T4给他们授课，每天培训，让他们成长。我们也从外面请一些老师给我们讲课。比如，有一年做了一个UML的培训，效果非常好，大家学到了一些架构和思维的方法，掌握了一些工具的用法。我们又开始对研发经理进行培训，大家都踊跃参加，他们提升了，我们的研发效率就提升了，创新就增加了。

两个重点的另一个就是结构。研发管理中有很多问题是结构的问题。

团队发展到几千人的时候，要特别关注结构。刚才谈到人才结构，人才结构就是梯队的问题，人才梯队是非常重要的。以前低级别的人才多，T3、T4、T5太少了。为此我们曾发微博招聘，收到几百份简历。关于人才结构我们还做了一件事，把管理和技术分开，以前技术部门的人到一定程度必须转到管理部门，待遇才能提高，现在我们区分开，技术人员也分级，在结构上就解决了很多的问题。还有一个结构就是我们的组织结构，前文曾提到对其的调整，改为按客户方向划分，也非常成功。

最后再谈谈3个体系。

第一个就是产品体系。我们公司的体验，不管是消费者的体验、第三方卖家的体验、供应商的体验，还是内部业务部门的体验，都是产品驱动的。我们打造让产品经理说了算的文化。以前产品部门做什么，首先是被业务部门绑架，业务部门说你这个东西要做成什么样的，产品经理记下来，然后直接找研发部门做，这是有问题的。另外，我们的管理者想把一个东西做好，主观上会按个人的好恶指挥产品部门，这样也把产品经理绑架了。然后，开发人员说这样设计太麻烦，那样做更好，又绑架一次。3个绑架像3座大山，把产品经理压垮了。我们提出让产品经理说了算，不是管理者说了算，不是业务部门说了算。比如说每个采销部门，都想定搜索排序的规则，但是我们内部有一个铁的纪律——搜索的规则只为转化率负责。业务部门告诉你的只是建议，这样产品经理就有自己发挥的空间，能为最终的用户体验负责，这是非常好的。把产品体系打造出来后，我们也成立了产品委员会，再选出委员会的常务委员。

第二个是架构体系。架构让架构师说了算，不是管理者说了算。管理者往往认为自己在专业方面很厉害，但实际他也有“天花板”。为让架构师说了算，我们成立了架构委员会，跟产品委员会一样，由委员会决定京东的架构是什么样的。京东技术架构的规划、实施和评审，都是架构委员会的工作。

第三个就是管理体系。管理体系有两方面，第一方面是项目管理，就是加大项目经理的权力，实行项目经理负责制。一旦项目立项了，项目经理的权力很大，对项目，包括进度、质量、投入产出，都是直接负责的。项目部有奖金，奖金驱动项目开发，项目奖金怎么分配，项目经理有决定权，并且权力很大，研发人员加入到项目里面，考核也由项目经理说了算。我们有一个项目管理平台，在上面所有项目的情况一目了然。而且，项目里面的每个人、每项工作，都可以按人和部门列出来，可按人、项目和部门统计，人效一清二楚。所以，大的团队要靠系统进行管理。

管理体系的第二个方面是领导力系统。京东有4000人的团队，分为12个部门，每个部门有300人以上，300人的管理难度是很大的。难度主要来自管人，我管的人不能超过14个，多了就没法管了。管人必须要有影响力，要有领导力。我们在领导力上是很薄弱的，因为很多技术管理者都是从专家转过来的，所以用的语言都是计算机语言，都是专业的语言，EQ普遍不高，但是领导力系统对EQ要求很高，特别是跟业务部门沟通的时候。

“IT管理123”是我的心得，也是我们研发体系贯彻的东西，效果还是不错的。

给团队一个愿景：做中国最有影响力的技术团队

京东的愿景原来是“让购物变得简单快乐”，2014年做了一个调整，改成“让生活变得简单快乐”。而针对4000人的技术研发团队，在服从公司愿景的前提下，我们提出了一个更符合京东研发人的愿景：做中国最具影响力的技术团队。这个口号提出来以后，我们的研发人员挺高兴的，感觉有一种自豪感，更有一种成就感和使命感，觉得这比较符合我们工程师的愿望。京东在研发上的投入每年都在增加，在中国企业的研发团队里面，我们算是投入比较大的。如果持续这样投入，我们研发人员有信心把技术做得更好。我们的技术人员看到自己的系统在公司发展中不断地成长，也会有很强的自豪感。

30人的团队，管理者可以身体力行、以身作则，因为大家都看着你，你怎么干，大家跟着你，你要注意细节。300人的时候要建一个体系，起码要有项目管理，这是很重要的，否则这300人管起来就很困难。但是到4000人的时候，我觉得要有一个愿景，没有愿景这4000人的目标就不一样，很难团结起来。再次强调京东研发人的愿景：做中国最具影响力的技术团队！

【拓展阅读】宝洁原高管加入京东，大数据时代促使网络营销时代来临

宝洁原高管加入京东，大数据时代促使网络营销时代来临

2015年7月1日，京东向《新京报》确认了宝洁公司大中华区美尚事业部副总裁熊青云加入京东的消息，并表示熊青云将全面负责京东市场部工作。近两三年以来，联通、万科、中粮等多家企业高管纷纷涌向电商。

在加入京东之前，熊青云在宝洁深耕23年，曾担任宝洁公司（P&G）大中华区美尚事业部副总裁、宝洁大中华区市场部副总裁和品牌运营副总裁等诸多要职，是宝洁全球职位最高的本土华人。京东称其是“公认的市场营销与品牌管理专家，在业内具有极强的影响力”，是中国外资企业职业经理人中的标杆式人物。

随着电商的发展，熊青云在宝洁的工作已经搭上了网络营销的快车。近年来，宝洁开始把电子商务作为重点突破领域，2013年宝洁尝试微博售卖时，熊青云曾谈到对电商方面的看法，表达了对新兴网络营销的关注，认为大数据时代促使网络营销时代来临。

宝洁原高管熊青云只是从传统行业跳槽到电商中的一位。2013年1月，在索尼工作近20年的索尼中国副总裁李曦正式加入京东，担任集团高级副总裁，主管公共关系业务。近2年来，传统巨无霸企业高管涌现跳槽电商潮：房地产龙头万科高级副总裁肖莉加入互联网，中影高管张强出任阿里影业CEO，中国最大的粮油食品进出口公司中粮集团原高管周颖加入电子商务一体化服务公司瑞金麟。

薪酬可能是传统行业高管跳入电商行业的一个因素，电商行业为求发展不惜为传统企业高管开出高价。2014年电商猎头机构万擎咨询CEO鲁振旺曾表示，多数电商高管年薪均过百万元。

第二节　京东物流核心

2015年，中国的大电商平台格局已定，各大平台着眼点已经从过去的价格战转向最后一公里和O2O的布局了。移动电商、社交电商时代已到来，O2O成为每一家平台布局的重点。

上市1周年的京东，在2015年年初就开始进行重要战略布局：启动京东到家O2O平台，布局京东到家O2O物流服务。负责O2O战略的京东副总裁邓天卓曾透露："京东到家会让京东和京东物流产生颠覆性的改变。"这种颠覆性的变化是让京东传统的物流升级为快物流服务，而这快物流后台的核心就是京东物流的内核——青龙系统。

青龙系统作业流程

物流是京东的核心竞争力之一，在每一个用户的订单处理背后，看似简单的发货与收货，实际上都由一套复杂的物流系统做支撑，京东谓之"青龙系统"。青龙系统的核心要素包括：仓库、分拣中心、配送站、配送员。在整个配送网络中，物流、信息流与资金流的快速流转，实现了货物的及时送达、货款的及时收回、信息的准确传递。

青龙系统的模块构成

青龙系统的模块结构主要由整体系统架构+核心子系统组成。

整体系统架构

整体架构上，整个青龙系统成为京东物流的内核，前接所有平台，后接内部的物流运营机构和第三方物流，如下图所示。

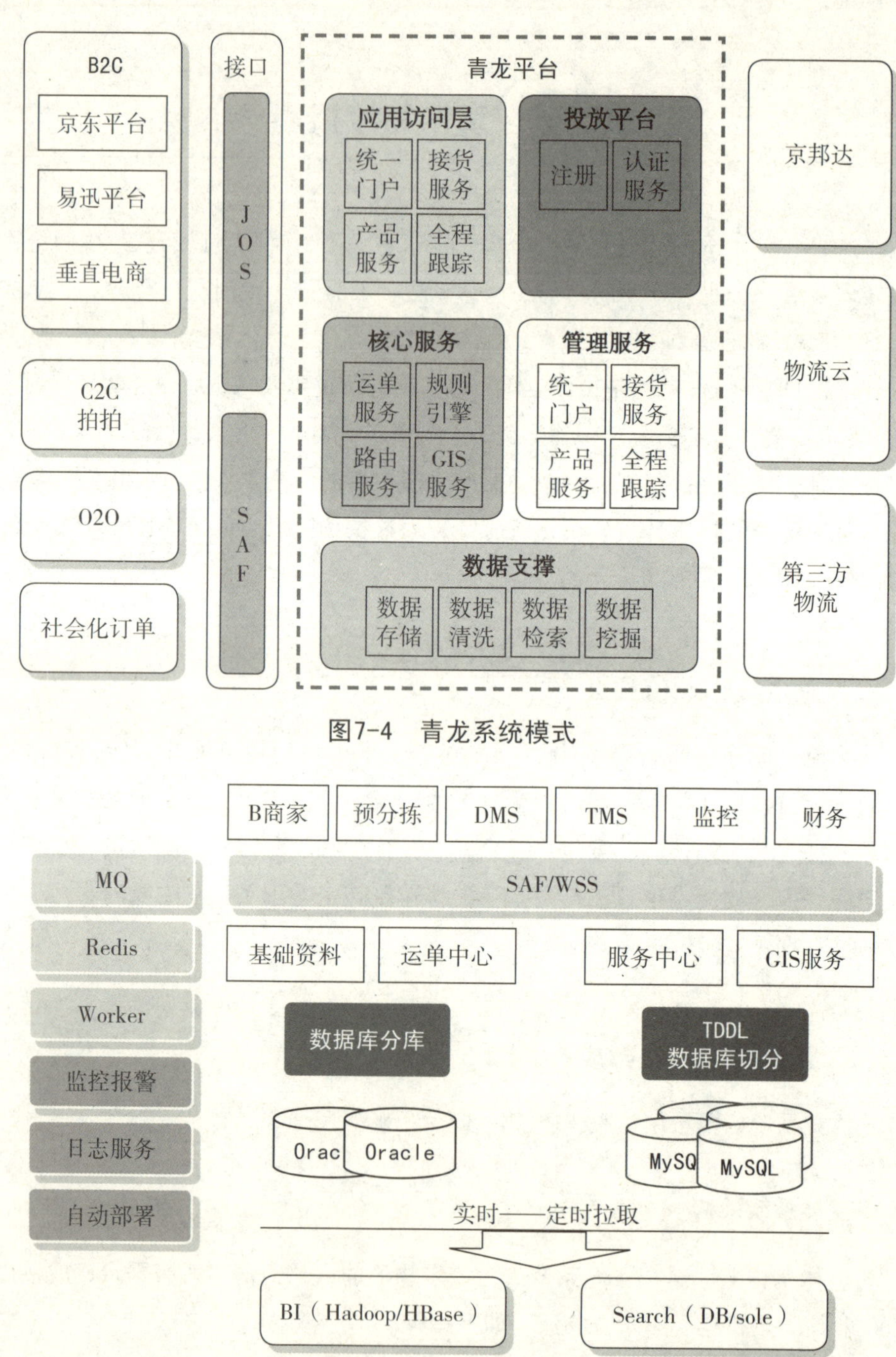

图7-4　青龙系统模式

图7-5　青龙系统架构

核心子系统模块

青龙系统的核心子系统是由6大核心结构组成的，涉及对外拓展、终端服务、运输管理、分拣中心、运营支撑、基础服务。如下图所示。

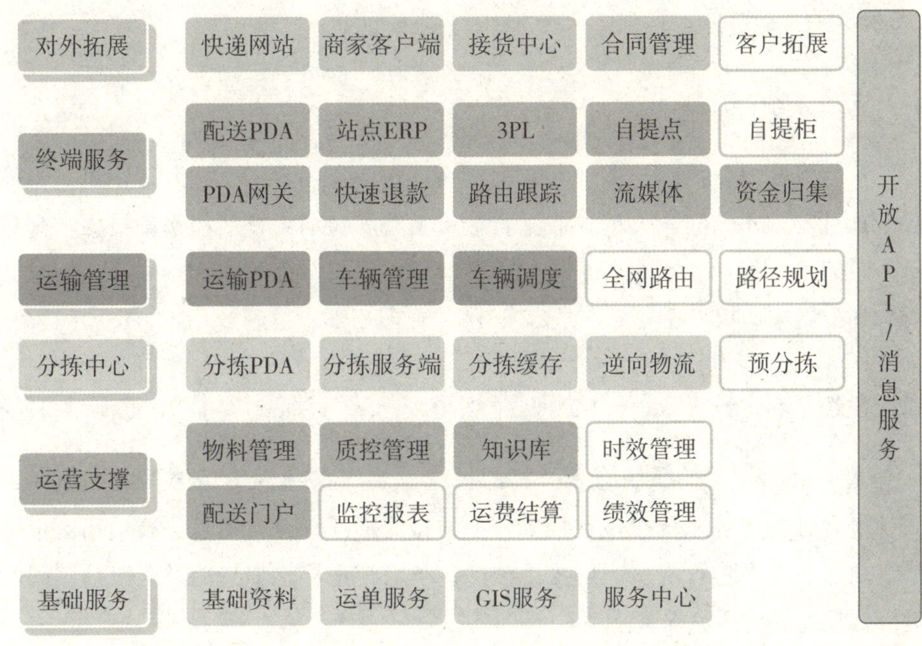

图7-6　青龙核心子系统

在这6个核心模块当中，实现快速配送的核心要归功于预分拣子系统。预分拣是承接用户下单到仓储生产之间的重要一环，可以说，没有预分拣系统，用户的订单就无法完成仓储生产，而预分拣的准确性对运送效率的提升至关重要。

青龙的龙骨——核心子系统

整个青龙配送系统由一套复杂的核心子系统搭建而成，在各个环节当中有相应的技术进行配合。

终端系统

京东的快递员手中会持有一台PDA一体机，这台一体机实际上是青龙终端系统的组成部分，在分拣中心、配送站都能看到它的身影。据了解，目前京东已经在测试可穿戴的分拣设备，推行可穿戴式的数据采集器，解放分拣人员双手，提高工作效率。

运单系统

这套系统是保证客户能够查看到货物运送状态的系统，它既能记录运单的收货地址等基本信息，又能接收来自接货系统、PDA系统的操作记录，实现订单全程跟踪。同时，运单系统对外提供状态、支付方式等查询功能，供结算系统等外部系统调用。

质控平台

京东对于物品的品质有着严格的要求，为了避免因为运输造成的损坏，质控平台针对业务系统操作过程中发生的物流损耗等异常信息进行现场汇报搜集，由质控人员进行定责。质控平台保证了对配送异常信息的及时跟踪，同时为降低损耗提供质量保证。

监控和报表

为向管理层和领导层提供决策支持，青龙系统采用集中部署方案，为全局监控的实现提供了可能。集团可以及时监控各个区域的作业情况，根据各环节顺畅度及时做出统筹安排。

GIS系统

GIS系统也叫作地理信息系统。基于这套系统，青龙系统将其分为企业应用和个人应用两个部分。企业方面，利用GIS系统可以进行站点规划、车辆调度、GIS预分拣、北斗应用、配送员路径优化、配送监控、GIS单量统计等功能；而对于个人来说，利用CIS系统能够获得LBS服务、订单全程可视化、预测送货时间、用户自提、基于GIS的O2O服务、物联网等诸多有价值的物流服务，通过对GIS系统的深度挖掘，使物流的价值得到进一步扩展。

青龙系统从1.0到3.0的蜕变

京东的青龙系统，是所有电商系统中升级迭代最快的，其每次变革的功能变化如下表所示。

表7-2　青龙系统的功能

系统名称	系统功能
青龙系统1.0	实现了性能与效率的提升，全面支持京东业务的多样性以及全面、精细化的信息管理
青龙系统2.0	打通整个供应链运营，推出了“自提柜”系统，实现跨平台协同，保障系统平稳运行，提升系统效率
青龙系统3.0	实现开放平台支撑与全网跨平台运营支撑，青龙系统业务模式也开始从京东内部物流系统转变为社会化物流系统

如果说2007—2014年这7年京东的物流核心是布局重资产，那么，从2015年开始，京东物流就应该是敏捷供应链运营的核心，这与京东2015年新战略：O2O社区战略、渠道下沉战略息息相关。

青龙系统对于京东来说具备重要的战略价值，是驱动京东到家O2O、敏捷供应链、全品类扩张、末端众包物流等新战略的关键。

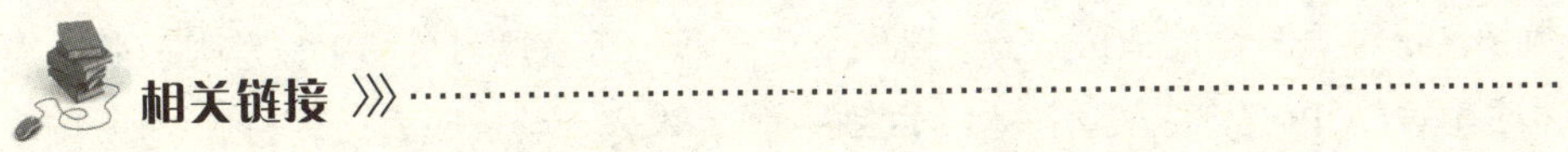

刘强东：为何京东巨亏也要做物流

京东CEO刘强东2014年7月25日在中欧20周年校庆特别活动“大师课堂”上发表演讲，不仅再次阐述了倒三角模型的管理理论，还首次深度披露京东为何巨亏也要做物流，以及物流的设计核心原则。下面是他演讲的内容。

为什么要做物流

这里我介绍一下为什么京东公司要做物流。有人说做物流的目的很简单，就是为了保证用户体验。我可以告诉大家几个数字，我们2014年第一季度70%的自营订单都是在当天或者第二天送达消费者手中，我们2014年上半年在三到六线城市提速，我们希望更多的订单都是在24小时之内送到消费者手中，支持上门刷卡、货到付款，退货可以上门去取回来，当面给你钱。

但是，如果只是为用户体验，可以不这么做，怎么做？全国700个城市，每个城市都建一个巨大的库房，能备多少备多少，发货全部用顺丰，顺丰是很贵的，消费者在任何时候下单都有货，再加上顺丰这么快的送货速度，用户体验能不好吗？可能比今天的京东还要好，但是能够成功吗？非常显然，是不可能成功的，因为你的成本是支撑不住的，你的成本失控了，你的效率也就不行了，因为没备更多货，要更多现金流去备大量的货。

有一个基本的概念，我们一半同学不理解，就是现金流。一家盈利的企业可能会倒闭，一家亏损但是现金流为正的企业可能不会倒闭，很多同学不理解。700个库房，效率很差，给你5000个亿都不够。所以京东打造物流系统，在我们前端给客户提供最佳体验的同时，我们后端有很大的诉求，就是希望降低整个物流成本。

我们自建物流的时候，看到中国有一个巨大的机会，这个机会基于以下三个原因：

第一，中国没有UPS，没有Fedex，所以给了我们机会。

第二，中国的物流成本奇高无比，到2013年的时候，我们国家也公布了，2012年全年中国的物流成本占我们GDP的17%～18%，实际上你可以把它等同于损耗，等同于浪费，在我们整个国家企业利润这么微薄的情况下，欧洲的物流成本占本国GDP的6%～7%，日本的占5%～6%，人家的物流成本比我们低10%。

第三，就是服务，过去的中国快递发展虽然非常迅速，但是服务品质比较低，加盟商和集团公司两者利益其实不一致，加盟者希望收单多，因为快递公司给快递员结算时，送件是义务的，收件才是赚钱的。

所以，中国快递发展成加盟模式，给快递留下巨大的服务隐患，我分析了各种各样的情况，在中国，长期来讲所有的服务行业，加盟的我都不看好，这给了我们一个机会。

短短三五年之内几乎每个城市都有上岛咖啡，老板就坐着收加盟费，5年之内全国开了几千家，但迄今为止没有做成中国的星巴克。你看星巴克做加盟吗？很少，麦当劳做加盟吗？很少，所以，所有的服务行业如果做加盟的话，初期发展速度会很快，你能够赚很多的钱，但这种商业模式在中国，今天出现一个，没了，明天出现一个又没了，这有损消费者的利益。

我想中国的服务行业，在未来20年，我们迎来的巨大的机会就是坚持走自营路线，比如你去做一家咖啡店，从第一家店开始，可能用10年的时间才能开500家店，而如果用加盟的方式，可能加盟店有几千家、1万多家，所以还有很多很多机会。

基于上面那三个原因：服务不好，成本很高，中国没有这种快递，所以我们有机会，后来我们做了之后，把这种物流模式向前推进了一步，我们京东不是快递公司，道理非常简单，因为我们的理念是不一样的。

核心设计：减少物品搬运次数

三通一达也好，顺丰也好，追求的都是如何让货物快速流动，就是怎么把一件货从北京发到上海去，既要快还要便宜。三通一达物流设计的时候就是这样，它的模式是每个点都在收货，每个点都在送货，所以导致网络非常复杂；而京东的物流模式非常简单，我们就是从仓库送到消费者家里，我们的点和点之间，上海的配送站和北京的配送站，没有一毛钱的关系，上海的配送站永远不会收一件货然后送到北京的配送站，而三通一达和顺丰的很多配送站之间都是相关联的。

而且我们是仓配一体化，我们建的仓库越来越多，货物离我们消费者越来越近，导致我们的货物移动的距离越来越短，所以速度越来越快，成本也越来越低，因此是一个正向循环，规模越大，物流越明显。

拿几个数字跟大家分享，我们公布了一个季度的公司财报，可以发现京东的物流成本占我们销售收入的5.8%，去年、前年和今年第一季度，都差不多，5%～6%，有人说你说这个到底有什么意义，没听明白。

给大家举个形象的例子，传统商贸流通行业或者快递公司的运作流程是：联想库控员把产品分到库房，然后给中关村或者上海太平洋电脑城供货，商家经常炒来炒去，今天搬到这里，明天搬到那里，从出工厂大门到到达终端用户手里，每件物品平均搬运5次以上。

按照传统商贸流通规律，根据我们的估算，平均搬运达到8次以上，这就是为什么物流成本会这么高。转手五六次能赚大钱吗？当然不能。所以，整个物流行业，所有的参与者没有多少获益，每个人都是苦哈哈的。

京东物流的设计核心是减少物品流动，我们希望商品从工厂里生产出来，甚至还没有生产的时候，就告诉你，给京东36个城市的86个库房每个库房发多少货，这样第二次搬运就是从库房搬到消费者家里去，再没有什么代理商、经销商，没有从这个库房搬到那个库房。每次搬运都是要成本的，每次搬运都是有损耗的，而且都是需要时间的，正是因为我们搬运次数少，所以成本很低，因为我们直接到达终端消费者手中去，所以我们的运营效率也很高。

给大家举个例子，根据我们公开的财报，2013年我们的库存周转天数是32天，这是什么水平呢？

我们跟友商进行比较，它们也是上市公司，它们的库存周转天数是70～90天，我们只有32天，大家别忘了，管理的难度是不一样的，它们用70～90天的时候只管了1万种SKU（产品库存），而京东管理的SKU数超过200万。

它们平均的账期是140多天，意味着140多天才能拿到钱，资金1年只能周转2次。而京东去年的账期只有39天。39天意味着什么？意味着它的现金1年周转次数可以达到十几次，整个行业效率就起来了。

再看我们，运营费用率为10.3%，如果刨除日用百货这些低端的品类（因为它的费率一定很高），可能达到15%～20%，还有技术带来的成本，如果把这些撇开的话，我们全年的综合运营成本率大概只有8%。

这是什么概念？中国现在两大家电商场苏宁和国美，运营费用率是16%～17%，我们只有8%，也就是说，我们比它低了一半。我们如何实现低价？如果用利润换低价的话，这个商业模式一定是可持续的，所以，如何做到低价，京东10多年来追求的是降低自己的成本。

说白了，同样卖一件东西，你需要17元成本，我只要8元成本，当然，我们还是要转换消费者习惯，让无数网民在网上买大家电。

我讲了这么半天只是要告诉大家，一家公司为什么会亏损，你会有疑问，有时候虽然会害怕失败，会恐惧，但是终究还能够坚持，最后会发现低价是来自于成本控制，现金流来自于效率提高。

所以我再说一遍，我们追求的是减少物品的流动，这是京东设计物流的一个核心的诉求点。

最后我建议一定要通过这种仓配一体化的方式，让货物离消费者更近，减少搬运次数，提升产业链效率，如此，才能真正使行业走向成功。

第八章
京东的投资与并购

导言：

从移动社交、智能硬件到O2O、互联网金融，每一个新兴热门领域都有各互联网大佬的身影。京东作为后起之秀是如何追赶前辈，同时保证不被后来者“秒超”的？京东是如何进行投资与并购的？

第一节　京东涉足移动通信转售

移动通信转售概述

移动通信转售是移动通信服务的一种，计费、营账等业务支撑着整个系统。移动通信转售业务不包括卫星移动通信业务的转售。

移动通信转售，指的是从拥有移动网络的基础电信业务经营者手中购买移动通信服务，重新包装成自有品牌，然后销售给最终用户。

另外，涉足移动通信转售的企业不自建无线网、核心网、传输网等移动通信网络基础设施，但是必须建立客服系统，业务管理平台可依需建立。

移动通信转售审批条件

申请经营移动通信转售业务的企业，应满足6个条件，具体如下图所示。

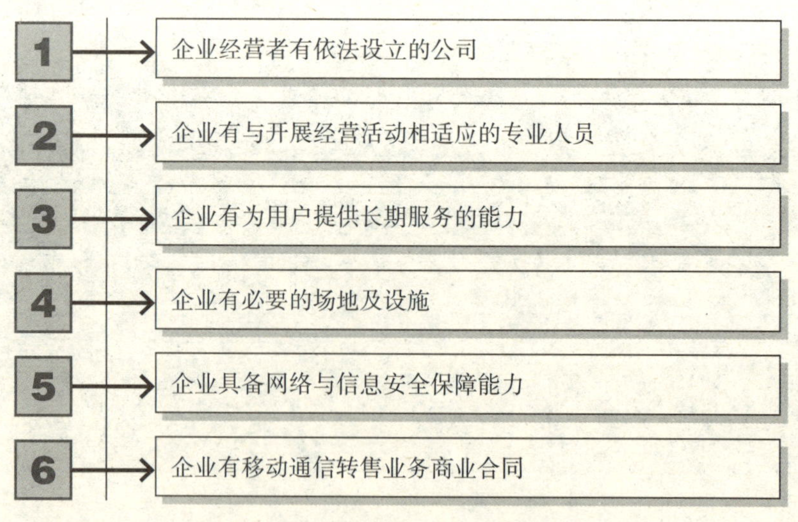

图8-1　移动通信转售审批条件

京东为首批试点企业

2013年12月26日，我国工业和信息化部颁发了首批11家移动通信转售业务试点企业的批文，其中就有京东。首批试点企业的试点截止期为2015年12月31日。

试点的具体城市是有限定的，京东与中国电信关于开展移动通信转售业务试点的合作，可在北京、上海、天津等50个城市开展，而与中国联通关于此项的合作，则只能在北京、上海等33个城市开展。业务区域范围的划定，都是虚拟运营商结合自身资源分布与基础运营商谈下来的结果，并非企业自己规定的。未来试点城市能否扩大，还不得而知，这与基础运营商和工信部的决定有关。虚拟运营商在试点期间能否开展更多业务，也与基础运营商和工信部的决定有关。

第二节　布局第三方支付

京东的网银钱包和“网银+”来自于其在2012年收购的第三方支付企业网银在线，在2015GMIC大会上，京东将网银钱包更名为“京东钱包”，“网银+”更名为“京东支付”。在雪藏1年之后，这两个品牌均改头换面以京东的面貌重出江湖。

如此一来，京东再也不是“没有支付”的电商了。自从2011年京东跟支付宝分道扬镳之后，京东一直在发展自主第三方支付和寻找好的卖家之间徘徊。

第三方支付变局

2014年是中国第三方支付市场剧烈变化的一年。

2014年年初，微信红包出现，几天之内迅速将微信支付推上顶峰，绑卡人数增加了近千万，微信支付成为移动支付领域的大玩家。

图8-2　微信红包截图

因巨头对第三方支付牌照和市场份额的渴求，百度和万达先后与快钱传出“绯闻”，最后，于2014年12月26日，快钱牵手万达。这对于快钱来说，也相当于找到了一个新的转型方向，甚至可以说这是影响公司命运的一次“联姻”。因为在当前环境下，支付沦为“免费通道”的趋势日益明显。从另一方面看，这也标志着第三方支付在逐渐转型为“综合金融”。

图8-3　万达和快钱Logo

2014年9月，苹果在推出iPhone6系列时推出了基于NFC的Apple Pay。Apple Pay迅速在美国支付市场赢得一席之地。银联一直积极地想将Apple Pay引入中国，并作为其合作伙伴。

图8-4　Apple Pay

谁是支付平台的大佬

首先，最大的第三方支付平台是阿里巴巴的支付宝、京东收购的网银在线、万达收购的快钱；其次是腾讯的微信支付和百度的百度钱包等；再次是手机和操作系统公司，如苹果推出的Apple Pay、Google推出的Google wallet、小米推出的小米钱包和小米支付，都是支付平台的大佬。

拥有支付平台可以更好地服务于游戏、网上购票、O2O等业务，也能够为公司带来服务闭环，提前布局互联网金融。

财付通和微信支付是仅次于支付宝的第三方支付平台，百度旗下的百度钱包靠着巨大流量也拥有不少用户。

最后是传统卡组织和通信企业。依靠POS支付年代的优势，银联旗下的银联商务和各地银联组织都占据很大的份额；依靠庞大的用户和线下直营店员工，移动、联通和电信也有希望从支付平台中分一杯羹。

京东支付如何在众多支付平台中占有一席之地呢?

京东支付平台不容忽视

互联网切入金融领域，蚂蚁金服是翘楚，京东是紧随蚂蚁金服之后坚决执行互联网金融战略的企业。

京东将金融板块拆分，单独成立京东金融，原集团CFO陈生强任京东金融CEO，这也是大型互联网公司里第二家单独做互联网金融的公司。

支付宝已经从大阿里系的支付平台中走了出来，现在专职为其他公司和线下支付提供服务，相对于此，京东支付目前主要还是服务于京东电商业务。

京东支付目前最大一部分的用户来自于京东电商的客户，其他来源的用户也在逐渐增长，且增长的速度比较明显。比如京东理财小金库上线之后，有一些专门炒基金的基民慢慢转移到京东支付的平台上来。

不断开拓新业务，不光能够吸引老的京东电商用户来使用京东支付，还能吸引更多新的用户，比如专注于基金和股票的用户登录京东的金融平台，这些外来用户才是能真正决定一个支付平台是否能够成为有潜力的平台的主力。

京东支付的另外一个优势在于移动支付，京东几万人的庞大的速递团队，就是京东移动支付最好的推销员，京东速递所有的POS机系统和资金归集都属于京东移动支付。

京东用户的消费频次和快递员的网络，能迅速给京东移动支付带来用户量的增加。在各大支付平台的线下移动支付方面，不管是支付宝还是微信支付，都得靠外包推广和补贴政策来相互制约，对京东金融来说，这些都是举手之劳。

如果以铁血精神来执行京东金融战略，虽然其属于后起之秀，2017年的窗口期关闭前，京东支付也定能够在第三方支付这块“蛋糕”上切下一块。

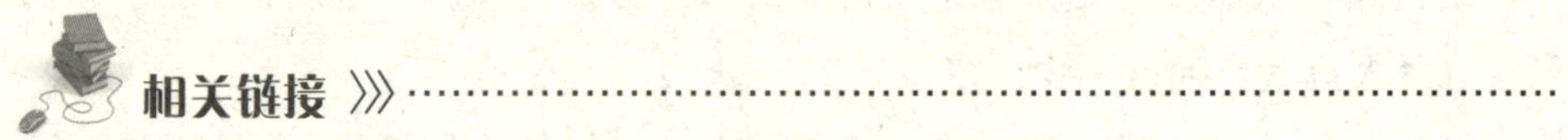

第三方支付平台的域名形式

阿里巴巴的支付宝是国内支付平台的兴起者，说起第三方支付平台，就不得不提到它。支付宝成立于2004年，自成立后一直扶摇直上，一路蹿红，成为阿里巴巴在金融领域的开拓者和镇宅之宝。支付宝的官网域名用的是组合形式的alipay.com，同时保护了全拼域名zhifubao.com。

图8-5　支付宝Logo

支付宝的品牌缩写迅速成为一种独特的形式，是阿里巴巴的缩写+英文“pay”组合的域名形式，是不少国内第三方支付平台争相效仿的一种域名形式，诸如上文提及的京东钱包jdpay.com、顺丰顺手付sf-pay.com、腾讯财付通tenpay.com等。

现在能列举出来的第三方支付平台，有大半用的是“pay”域名。

因此，京东支付此次启用jdpay.com域名，换下wangyin.com，也可以说是顺应主流趋势，同时，也能在支付平台列强中加强消费者对京东支付的品牌印象。

有选择品牌缩写+“pay”的组合域名形式的，自然也就有选择拼音域名形式的，如百度的百度钱包（baifubao.com）。百度钱包的域名baifubao.com原是百度在2008年推出的C2C支付平台百付宝的官网域名。2014年，百度正式推出支付业务品牌百度钱包。“百度钱包”沿用了百付宝官网baifubao.com，但网站换了logo，百度此举似是有意淡化百付宝的品牌，突出百度钱包的品牌。

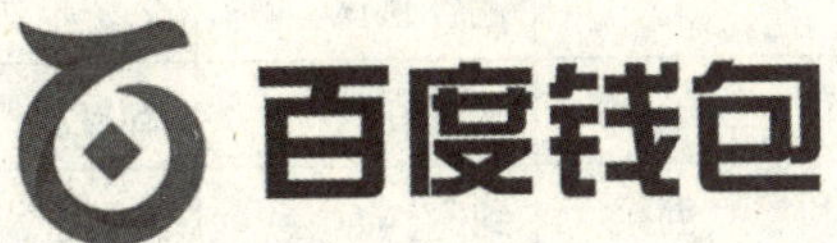

图8-6　百度钱包Logo

除此之外，苏宁的易付宝（pay.suning.com）、网易的网易宝（epay.163.com）以及中国联通的沃支付（epay.10010.com）等支付品牌启用的都是二级域名，而快钱（99bill.com）用的则是数字+单词的组合域名。

第三节　京东的并购

2014年5月，京东上市，成为中国第四大互联网公司，与高大上的互联网三巨头百度、阿里巴巴、腾讯并称“BJAT”。

京东并购的企业

从智能硬件到O2O、移动社交、互联网金融，每一个新兴热门领域最终都逃不过电商大佬的手掌心。那么多的镁光灯都聚焦互联网三巨头，京东作为后起之秀，十几年之间发生了天翻地覆的变化，不断地投资并购，最终追赶上前辈的脚步，不得不让人唏嘘。

表8-1 2010—2014年京东并购/投资企业列表

并购时间	并购/投资方	被并购/被投资方	副资金额	所占股权（%）
2010年3月11日	京东	千寻网络	400万～500万美元	100.00
2012年1月11日	京东	迷你挑网	交易金额未披露	100.00
2012年10月29日	京东	网银在线	1500万美元	100.00
2013年7月2日	京东和晨兴创投	到家美食会	交易金额未披露	—
2013年12月26日	京东同城和奇360	古北	1000万美元	100.00
2014年1月23日	京东	今夜酒店特价	1000万美元	100.00
2014年6月14日	京东和腾讯	缤刻普税	2100万美元	100.00
2014年9月17日	京东和麦格理	到家美食会	5000万美元	—

（数据来源：清科私募通）

京东投资并购的三个阶段

京东的投资并购分为三个阶段：第一阶段（2010—2012年），京东早期的投资比较混乱，主要发力于寻找多元化电商入口，其中3大项目有2个失败了；第二阶段（2013—2014年），京东的投资渐入佳境，初露锋芒，开始低调布局智能硬件与O2O；第三阶段（2015年至未来），上市后企业融资估值上升，或许会在投资并购领域与互联网三巨头一决高下。

具体的投资并购路线如下表所示。

表8-2 京东的投资并购路线

第一阶段（2010—2012年）

时间	投资并购
2010年3月	京东首次出手收购千寻网络。京东收购千寻网是为了向日用百货类商品市场全面进军，目的很明确，那就是扩大经营范围，拓展多元化电商入口。虽然最初是奔着美好的发展前程而收购的，但是最终结局却不尽如人意

续表

时间	投资并购
2012年1月	京东正式收购迷你挑商城。收购完成后，京东高层基于国际化战略布局的考虑，决定将迷你挑独立出来运营，打造京东日韩馆。京东收购迷你挑，更多是看上其运营团队及在日本的买手资源，当然，这一举动也意味着京东百货类商品的扩张在提速。据悉，2013年，迷你挑实现了约3.5亿元的交易额，同比增长率超过500%，子公司净利润超过1500万元
2012年7月	京东正式关闭二次重开的千寻网，域名也跳转到刚被京东收购的迷你挑网站。至于千寻网最终被关停的原因，京东至今讳莫如深，尚未对外披露。千寻网原隶属于全球500强的韩国SK电信集团，是以服装、鞋帽等时尚商品为主的B2C电商网站，由于某些原因，SK电信集团不再继续投资，因而千寻网重新投入了新东家京东的怀抱。不过，被收购后的千寻网经历了关闭—重开—关闭的波折，最终还是落了一个被彻底关闭的惨淡结局
2012年10月	京东为布局金融产业链，收购第三方支付牌照公司网银在线。京东收购网银在线等于打开了金融产业链之门，不仅利于进行京东平台与物流、采购、第三方商户、买家之间的现金流转，缓解资金压力，还能通过向中小商户提供小额贷款等介入金融领域。网银在线是京东布局在线支付的标志性举措，也算是京东金融的敲门砖，如今的发展地位也是举足轻重的

第二阶段（2013—2014年）

时间	投资并购
2013年7月	京东首次投资到家美食会，2014年9月，京东再次追加投资，与麦格理共同投资到家美食会5000万美元。对到家美食会的两轮投资，足以证明京东开始着手布局O2O，充分重视本地生活服务的重要性。在构建O2O生态上，京东官方称，将以更加开放的态度，立足自建的物流配送体系，结合移动互联网，辅以社区性和及时性物流等手段，在包括餐饮、出行等在内的多个细分领域寻求各种形式的深度合作机会。这就意味着，未来京东还将在O2O领域有更多布局
2013年12月	京东投资杭州古北电子科技有限公司（Broad Link）。其实，古北是京东和奇虎360共同出资收购的智能硬件项目，算是京东进入硬件创投和孵化的开局，相传京东与奇虎360还在商谈全面合作，合作范围可能包括特供

续表

时间	投资并购
2013年12月	机、账号互通、搜索等多领域，如果未来强强联手，天下几分也未可知。积极谋求各种智能硬件的首发，单纯作为渠道商已经不是京东的最终目标
2014年1月	京东收购今夜酒店特价。收购完成后，今夜酒店特价继续保持独立运营，由公司高层向京东方面汇报工作。京东在2012年年初上线新的酒店预订服务，并以此进入在线旅游领域；随后开通旅行频道，并陆续推出机票、出租车、度假、景点等多项在线旅游服务。业内分析人士认为，京东选择收购今夜酒店特价，是为了进一步完善O2O业务布局，并扩大其在在线旅游领域的市场份额
2014年6月	京东、腾讯联合向缤刻普锐（PICOOC）投资2100万美元。作为风投的京东，本次投资算是其在移动和智能硬件领域的第二笔投资，相隔时间不过5个月，由此可见京东非常重视移动和智能硬件领域的发展，这也算是其成为生活解决方案提供商的布局之一。京东在一步步占领阵地，从而在与互联网三巨头的竞争角力中寻找更多突破点

第三阶段（2015年至未来）

时间	投资并购
2015年至未来	上市后企业融资估值上升，或许会在投资并购领域与BAT一决高下，与互联网巨头动辄上亿元的投资并购相比，京东的投资并购金额就是毛毛雨，作为风投的角色也更像是玩票性质的，投入不大，即使失败也难动根基

仔细分析京东的投资并购路线，从最初的多元化电商入口布局，到有目的地布局金融产业链，高调进入O2O和移动智能硬件领域，每一步都是有的放矢，完全是围绕京东本身的业务线在查漏补缺，最终也都差不多达到了刘强东预想的目标。京东的收购路线，虽然不能说是算无遗策，但就初涉风投市场而言，业绩还是可圈可点的。

未来，在移动社交、智能硬件、互联网金融、O2O等资本市场热门追逐的领域，京东少不了与互联网三巨头进行激烈竞争。

【拓展阅读】找投资的看过来　京东最近主投四大领域

找投资的看过来　京东最近主投四大领域

在CES Asia的一次交流会上，京东企业发展部投资总监杨世毅透露了京东集团最近投资的四大领域：

1. 改变原有健康体验的品类

原来很多产品用起来比较痛苦，比如传统的体温计、体重秤等。体温计每次使用时都需要甩一甩，如果碰坏了，水银还有毒。而体重秤称完后没有更简单的办法记录和量化，并通过这些数字给用户做相应的指导。而现在不少体温计和体重秤增加了更多智能的成分，给用户带来了全新的体验。

2. 改变家居生活环境和使用体验的品类

杨世毅举了个例子。在夏天的时候，如果智能空调可以根据人的睡眠状态个性化地帮用户调整室温，满足身体对温度的需求，就能给用户带来更舒适的体验。对于家居来讲，还有很多其他的能改善家居使用体验的产品，这个品类有很大的发展空间。

3. 改变出行方式的品类

很多人觉得天天要挤地铁、挤公交很不爽。京东期待有产品能改变原有的出行方式，甚至给用户带来人生的改变。如果这种改变人类出行方式的产品可以让人有更多的时间去做其他的事情，就会让用户在上班的时候更开心，可以做很多更有创造力的事情。

4. 改变人类传统认知的品类

随着智能机的普及，我们认识这个世界的方式也在快速地发生改变，接下来，可能会有更多革命性的产品出来，比如，虚拟现实及增强现实类的产品其实已经很有潜力了，京东希望在这里面找到更优秀的产品并对其进行扶植，让它们改变我们认知整个世界的方式。

从与杨世毅总监的交流中还可以发现，要获得京东的青睐，在细分领域，创业团队的产品还需要遵循以下几个原则：

（1）在细分品类要找到细分目标人群的刚需和痛点。这个刚需是普遍存在的，痛点也是绕不过去的。

（2）要能沉淀有价值的数据。如果你的硬件仅仅像开关一样，完全自动化的话，就不如有深度内容的硬件有价值。比如说用户健康数据，有用户的浏览数据，或者有用户的轨迹数据。这些数据是阻挡竞争者向你发起攻击最好的武器。

（3）要尽量选择技术成熟的供应链和元器件。这样的话就可以更快出货、更快发展。在中国，短平快的项目会更容易得到VC的青睐。

（4）使用门槛体验要足够低。如果产品能让老人或孩子都零成本学会的话，其他人就更不成问题了。降低使用门槛更利于产品的销售及推广。

第九章
京东的互联网金融

导言：

京东金融是京东集团打造的“一站式”在线投融资平台，以“成为国内最值得信赖的互联网投融资平台”为使命，依托京东集团强大的资源，发挥整合和协同效应优势，将传统金融业务与互联网技术相结合，探索全新的互联网金融发展模式，致力于为用户提供安全、高效益、定制化的金融服务，让投资理财变得简单快乐。京东金融业务包含五部分，分别是供应链金融、消费金融、京东理财、京东支付、京东众筹。

第一节　供应链金融

在京东金融平台上，供应链金融做的是信贷业务，主要分为网商贷、京小贷和京保贝。

与传统的金融机构比较，京东供应链金融的客户在银行都被划分成中小微企业。而在市场上，这些中小微企业其实是真正缺钱的，因为公司越大资金周转反而越容易。

京东对中小微企业的服务有2个特点，如下图所示。

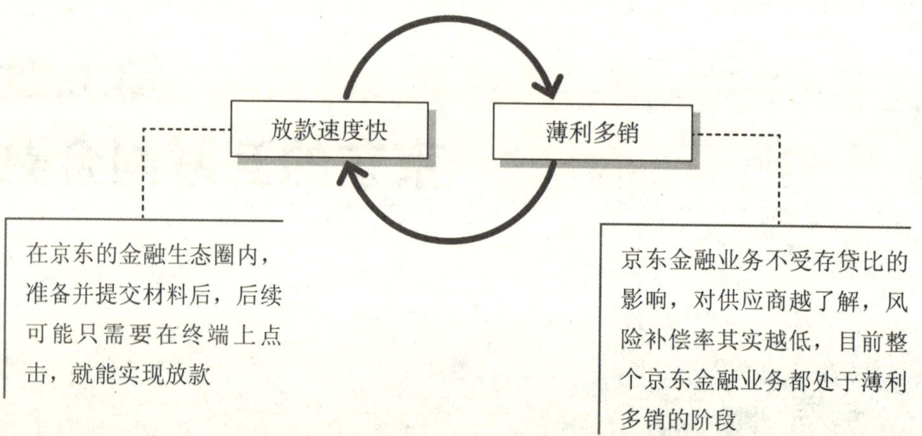

图9-1　京东对中小微企业的服务特点

【拓展阅读】京东如何挑选金融产品

京东如何挑选金融产品

京东选择合作伙伴，挑选产品的标准在哪儿？其实，京东主要是从收益性、风险性、流动性、门槛4个角度考虑的，如下图所示。

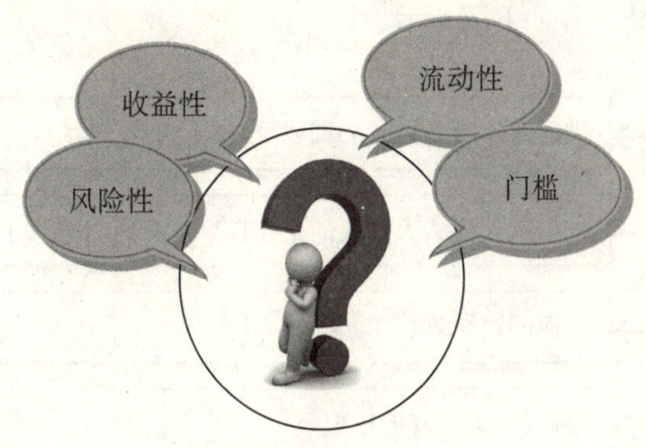

图9-2 京东如何挑选产品

其中，收益性和风险性是京东的合作伙伴该去解决的问题，诸如京东和鹏华合作的个人理财产品“小金库”便是如此。

流动性和门槛是京东自己应该考虑的问题，理财产品在线下起步价可能要5万元或者10万元，互联网上门槛偏低。而且在流动性方面，目前成熟的互联网金融产品几乎能做到让客户随时赎回。

网商贷

网商贷是针对京东商户法定代表人的个人信用贷款，结合企业经营情况和法人个人信用情况确定借款人整体信用资质并给出信用评级及借款额度，最高额度不超过50万元。其主要特点是放款、还款均通过法人个人银行卡，等额本息，按月还款。

网商贷的4大特点如下图所示。

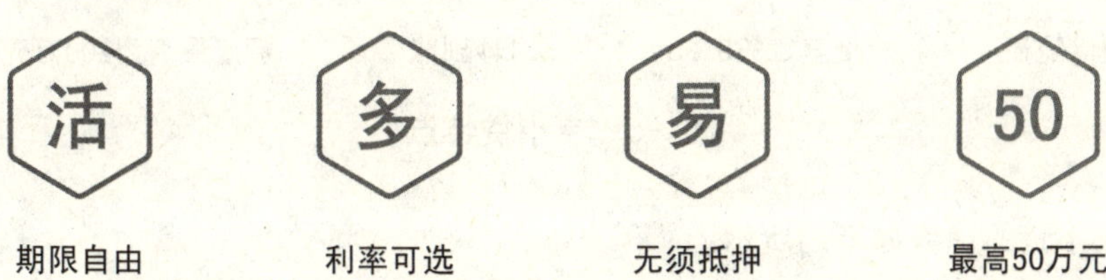

1～12个月，灵活选择　最低日息为0.036%　一次申请，半年有效　贷款额度最高为50万元

图9-3 网商贷特点

网商贷的申请条件如下图所示。

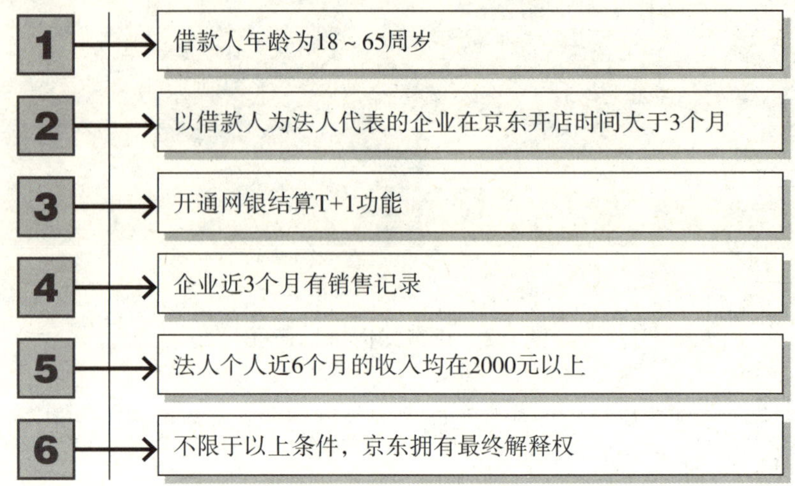

图9-4　网商贷的申请条件

京小贷

京小贷是针对京东商户的信用贷款，结合企业经营和信用情况确定商户整体信用资质并给出信用评级及借款额度。

京小贷的四大特点如下图所示。

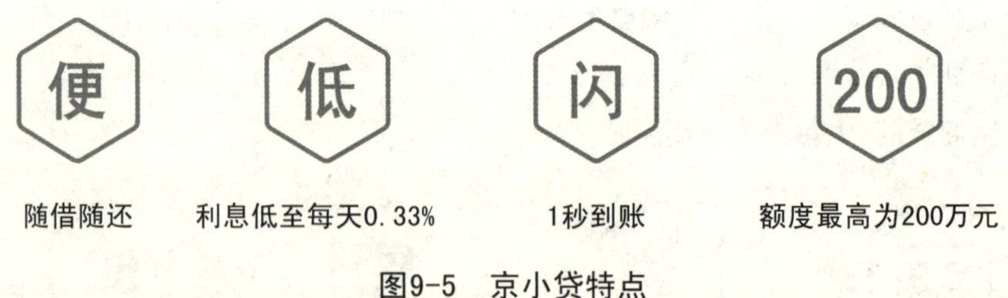

图9-5　京小贷特点

京小贷的优势如下图所示。

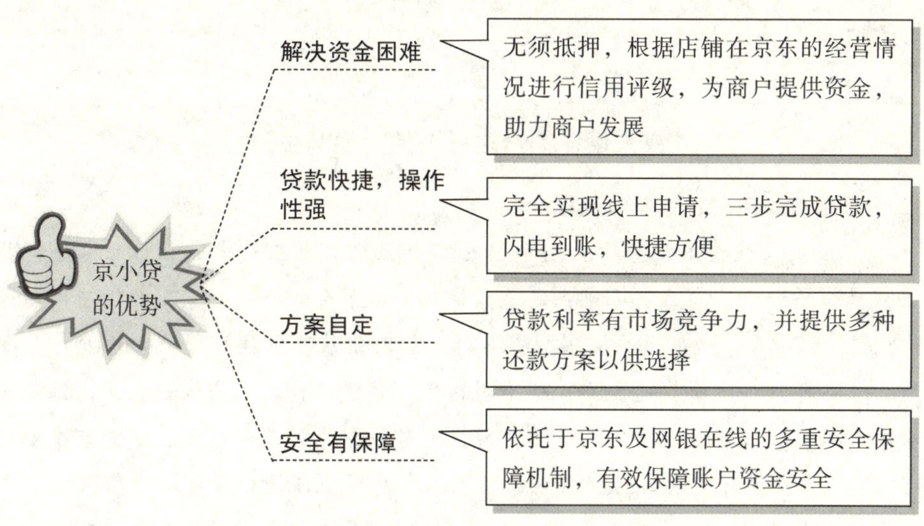

图9-6　京小贷的优势

京保贝

京保贝是京东自营供应商专享的信用贷款业务，包括应收账款池融资、订单池融资、单笔应收账款融资和单笔订单融资。

京保贝的特点如下图所示：

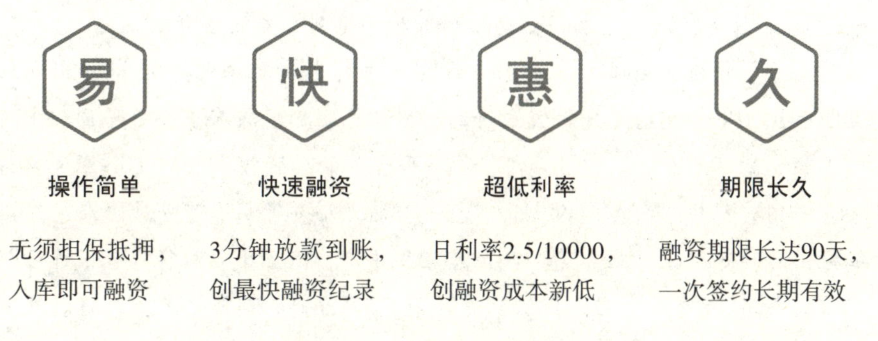

图9-7　京保贝的特点

相关链接》》

京东供应链金融服务的起源与发展

京东供应链金融服务的起源

京东供应链金融服务于2012年11月27日上线，京东与中国银行北京分行签署战略合作协议，双方将向京东的合作供应商提供金融服务。京东的供应商超过1万家，此举的目的是通过提供融资支持，帮助供应商加快资金流转。2012年年底，京东已累计融资15亿美元，从中国银行、建设银行、工商银行、交通银行等金融机构，获得超过50亿元人民币的授信业务。京东供应链金融上线的京东金融服务包括B2B和B2C两部分。其中，B2B部分对供应商提供融资和投资服务。融资包括：订单融资、入库单融资、应收账款融资、委托贷款融资；投资包括：协同投资信托计划、资产包转移计划等。在这些融资中，京东扮演供应商与银行之间的授信角色，而资金的发放由银行来完成。其中京东供应链金融服务的贷款利率在基准利率的基础上上浮10%～30%。

京东供应链金融服务与阿里小贷的对比

京东与阿里巴巴已从电商用户争夺战上升到两者供应链的战争。

贷款年化利率：京东投融资管理部经理黄俊透露，京东供应链金融服务的贷款利率在基准利率的基础上上浮10%～30%。这比阿里小贷的年化利率更低，目前，阿里巴巴信用贷款额度为5万~100万元，日利率在0.05%～0.06%之间。参照0.05%日利率计算，阿里金融提供的信用贷款年化利率最低应为18%。

阿里小贷情况：2004年推出第三方支付工具支付宝并坐拥7亿注册用户后，阿里巴巴2010年和2011年先后成立浙江阿里巴巴小额贷款有限公司和重庆市阿里巴巴小额贷款有限公司，创造了“小贷+平台”的融资模式。阿里小贷主要为淘宝和天猫用户提供“订单贷款”和“信用贷款”2项业务（可以对比京东供应链金融提供的贷款及投资服务）。截至2012年年中，阿里小贷放贷资金累计已超过260亿元，为13万家小微企业提供融资服务。7月26日，阿里巴巴宣布将阿里小贷业务向除温州以外的江、浙、沪地区B2B普通会员开放。

“互联网金融是一门好生意。”商派CEO李钟伟表示，“中小企业的融资是刚性需求。阿里小贷的成功已被证实，京东的未来也很可期。”

对京东供应链金融服务的误解与京东回应

京东供应链金融服务上线，就被外界质疑“抢占小商家利润”。对此一直处于低调状态的京东在2012年12月初对外接受媒体采访，强调京东推出的供应链金融服务，是利用京东的规模和信用帮助供应商从银行获得资金，并不占用供应商资金。

（1）关于京东供应链金融服务的误解。

腾讯旗下电商易迅网CEO卜广齐日前与媒体沟通时表示，京东供应链金融目前的做法是“利用自己的优势地位”，要求供应商放账给京东，然后再给供应商贷款。

“道理很简单，今天京东压住上游供应商1个月甚至3个月的账期，然后又贷款给别人，这不是很奇怪吗？就像我把你的手机拿来，你要我归还的时候，我说行，但你得给我500元钱。”卜广齐认为，京东的做法会吃掉供应商的利润，而并非一个共赢的思维。

（2）京东对供应链金融的解读。

刘长宏强调京东供应链金融“并不占用供应商”资金，京东只是一个变相担保的作用。京东采用与银行合作的模式，以信用及应收账款为抵押，让供应商能够获得银行贷款从而缩短账期。

“供货商与京东完成商品交易后，凭借双方交易金额，可以在银行得到相应的资金。”刘长宏说，而当供货商的毛利能够覆盖其得到资金的利息时，供货商就会愿意去做这件事情。

京东供应链金融，试水小贷公司

2013年9月下旬，上海市嘉定区金融服务办公室负责人表示，百度和京东小额贷款公司的审批是同一批次，上海市金融办已经正式联合审批通过。但是，互联网金融并没有那么简单。多位P2P网贷公司CEO表示，互联网金融现在只是处于一个很浅的层次。金融经营的是风险，涉及安全、准入门槛高等多方面问题，监管层会通过牌照、备付金、准备金等形式进行严格的监管。

对于互联网公司，特别是电商涉足金融，业内早有共识，其最大的优势在于对交易数据的掌控和应用。业内人士认为：“未来，如果它要做大，资金将会面临巨大压力，这可能是小贷公司没办法满足的。因为小贷公司还是会有一个重要的限制，虽然有杠杆，可以向银行贷款，但还是需要依靠自有资金。”

2013年12月，京东上线1款金融服务，供应商3分钟内即可融资到账，快于线下融资服务。业内人士表示，初期该服务将仅针对供应商，但2015年京东有希望将该服务拓展至第三方开放平台的卖家，未来甚至会覆盖到个人融资业务。

京东供应链金融服务成绩

2014年1月29日消息，京东供应链金融贷款规模在1月份再创新高，已经超过10亿元。2013年12月初，京东金融的第一款互联网金融产品京保贝才正式上线。负责该业务的京东供应链金融部总监王琳表示，2014年整个京保贝将保持月度复合增长率为30%～50%。

第二节　消费金融

京东消费金融

作为拥有大数据资源的互联网电商企业，京东等已经完成了在消费金融领域的布局，率先尝到了消费金融的甜头。

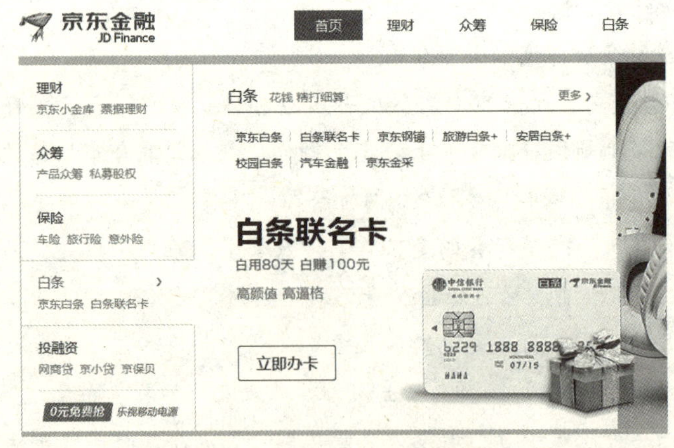

图9-8　京东金融首页截图

消费金融前景

到2015年下半年，消费金融政策逐步放开，京东消费金融的前景如何？互联网电商企业布局这一金融市场应该注意哪些问题？京东、百度等互联网企业正在积极打入消费金融市场。综合来看，消费金融的发展前景是非常可观的。消费金融服务可以激发居民的消费活力，并以消费拉动宏观经济增长，对金融市场有着十分重要的意义。

进军消费金融市场面临的问题

互联网电商企业在进军消费金融市场时，主要面临以下两方面问题，具体如下图所示。

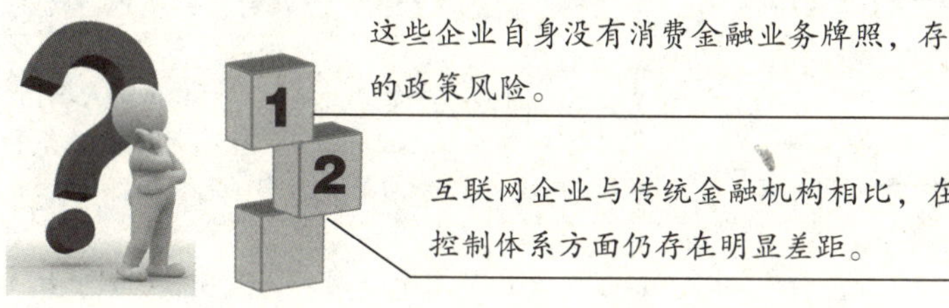

图9-9　进军消费金融市场面临的问题

京东消费金融八大产品

京东消费金融八大产品包括：京东白条、校园白条、旅游白条、安居白条、首付白条、农村金融、京东金采、京东钢镚，并将依托“一进一出”消费金融战略向更多的垂直消费行业渗透。具体如下图所示。

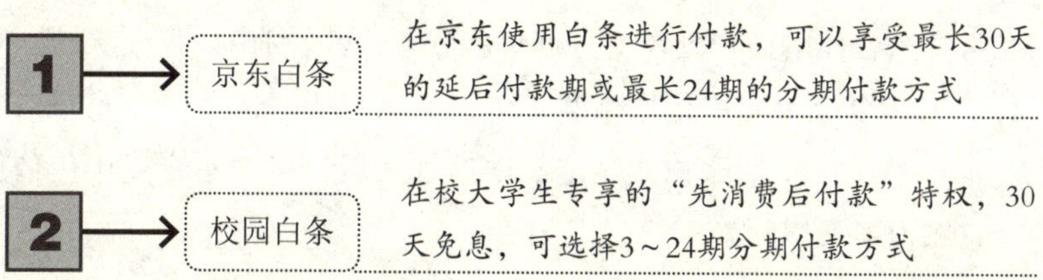

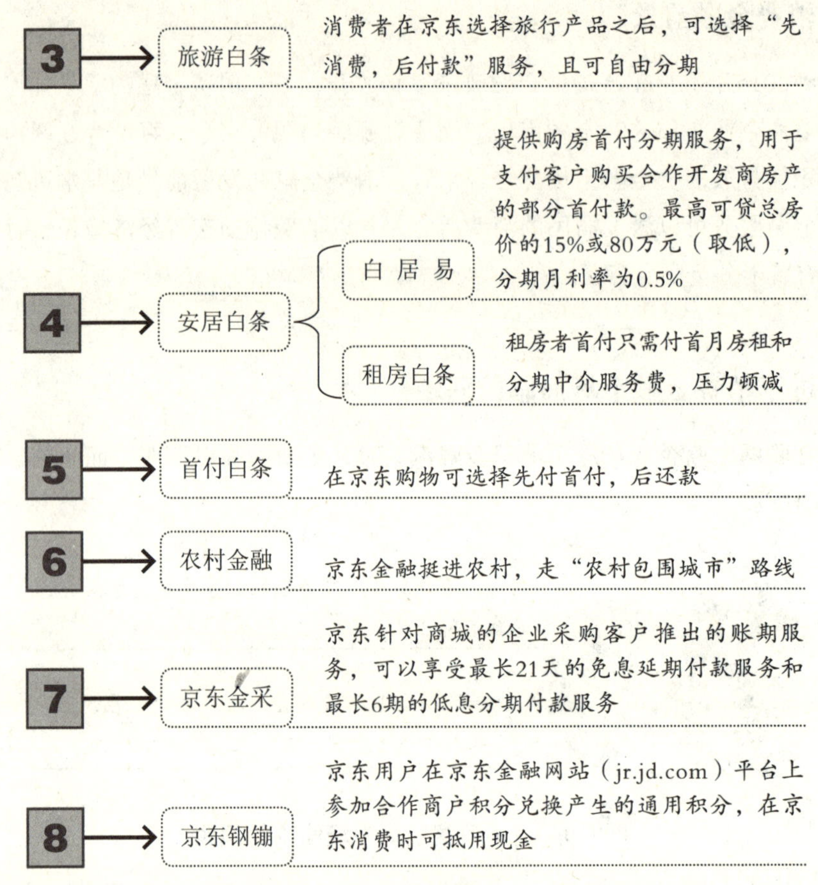

图9-10　京东消费金融八大产品

校园白条是京东创业生态圈的重要组成部分，未来发展规划包括为大学生提供助学贷款，助力校园创业、校园招聘等。另一个重要组成部分则是农村金融，目前服务于农村金融的物流配送体系已在1900个区县建立了配送点。据了解，目前白条业务主要是针对用户的信用进行评估，并进行授信，用户可以在京东以及与京东合作的商户处享受分期付款服务，并没有对用户进行放贷。

另外，京东金融推出中信白条联名卡，又名“小白卡”。是京东白条的第一张联名卡产品，支持双账户双额度，申请开通后，用户可享受中信信用卡金卡待遇及京东白条优惠权益。

消费金融市场格局或加快分化

京东金融难免不被拿出来与同样是金融巨头的蚂蚁金服对比。同为电商出身的两家互联网企业，做出了两个业务高度趋同的互联网金融服务平台。

京东金融与蚂蚁金服在金融市场上齐头并进。京东金融理财沿承京东一贯的“自有平台”模式，并陆续推出丰富的金融理财产品。蚂蚁金服的金融产品体系同样庞大，几乎各类金融产品都可以与京东理财相对应。

除这两大金融巨头之外，金融市场上活跃着的其他中小型理财平台也都风头正劲，势如破竹，但是，这类小平台金融产品无论是资源还是专业人才方面，都不能与京东金融与蚂蚁金服这样的金融巨头同日而语。小平台金融流量不足，众多的理财品类使得它们难以为继，这是它们的天生缺陷。并且风控能力不足，也将成为它们发展的瓶颈，目前很多平台的风险开始加速暴露，给金融投资者带来了很大困扰。

蚂蚁金服旗下的招财宝和京东理财栏目是直接竞争者，但招财宝目前上线的产品都较保守。

未来的金融理财市场竞争格局将加快分化，势必会围绕着全品类、综合型，以及有着信用的大理财平台方向演进。单靠一两款基金，或者P2P等金融产品布局，将越来越难以解决用户的核心痛点。互联网上虽然永远都会有垂直市场的份额，但实践已经证明，最终上位的还是大而全的平台。

【拓展阅读】蚂蚁金服

蚂蚁金服

2013年，支付宝的母公司——浙江阿里巴巴电子商务有限公司，宣布将以其为主体筹建小微金融服务集团，小微金融将服务目标锁定在小微企业和个人消费者。

2014年10月16日，阿里小微金融服务集团以蚂蚁金融服务集团的名义正式成立，旗下业务包括支付宝、支付宝钱包、余额宝、招财宝、蚂蚁小贷和网商银行等。

2015年1月4日，蚂蚁金服已将天弘基金的另一个股东内蒙君正告上了仲裁委，要求内蒙君正缴纳之前协议中约定的出资款，同时还提出如果内蒙君正拒不履行之前的协议约定，则请求解除内蒙君正的增资权和增资资格。

2015年4月9日，蚂蚁金服正式宣布，开放内部代号“维他命”的金融信息服务平台，并联合博时基金、恒生聚源及中证指数发布其首个指数产品“淘金100”，这也是首个电商行业数据推出的金融指数产品。

2015年5月，将筹备上线股权众筹平台，并将其命名为“蚂蚁达客”。

2015年6月，蚂蚁金服将通过认购浙江融信新增股本并收购现有股东剩余股权的方式获得浙江融信100%的股权。

2015年6月15日，人保财险发布临时信息披露报告称，公司于6月10日签署相关协议，认购人保资本——蚂蚁金服股权投资计划，该计划由人保资本投资管理有限公司设立并担任受托管理人，募集额度为9亿元，无固定投资期限，人保财险全额认购。人保财险称，该投资计划募集资金投向为认购浙江蚂蚁小微金融服务集团有限公司的新增注册资本，投资完成后，人保资本持有蚂蚁金服的部分股权。

2015年6月18日，恒生电子公告称，公司与中国投融资担保有限公司、蚂蚁金服作为主发起人申请设立浙江互联网金融资产交易中心事宜，获得浙江省人民政府同意。

2015年6月18日，蚂蚁金服已经完成了一轮私人配售，该交易对蚂蚁金服的估值超过400亿美元。全国社保基金理事会投资了蚂蚁金服，是全国社保基金中第一单直接投资，占5%。

蚂蚁金服每天的支付笔数超过8000万笔，其中移动支付的占比已经超过50%，每天的移动支付笔数超过4500万笔，移动端支付宝钱包的活跃用户数为1.9亿个。此外，围绕线下的消费与支付场景，支付宝钱包还推出“未来医院”“未来商圈”“未来出行”等计划，拓展不同应用场景。

据媒体报道，阿里小贷资金来源于四大方面：一是旗下浙江、重庆2家小额贷款公司，注册资金总计16亿元；二是面向银行融资；三是资产证券化；四是将对越来越多的银行开放。此前，阿里巴巴集团董事局主席马云曾阐述过阿里未来发展的三大阶段：平台、金融和数据。

蚂蚁金服方面表示：“之所以选择这个名字，是因为我们是从小微做起，我们只对小微的世界感兴趣，就像蚂蚁一样，虽然渺小，但它们齐心协力，爆发惊人的力量，在去目的地的道路上永不放弃。”

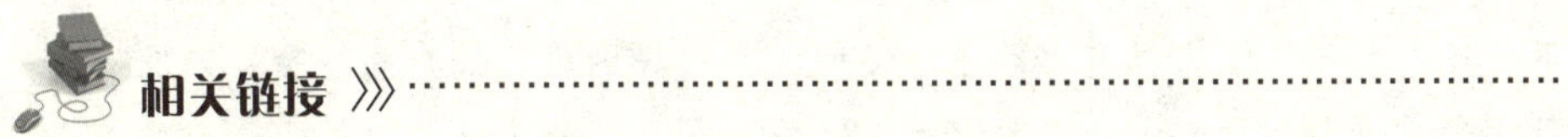

京东火速出击校园金融

继趣分期、爱学贷、分期乐等分期购物平台之后，电商巨头京东也将眼光瞄向了大学生分期市场。

2015年1月15日，继白条推出一年之后，京东又在其基础上推出校园白条，进军校园金融。学生用户开通后可获得3000～8000元的信用额度。目前，校园白条业务仅支持北京、上海、广州、四川地区的部分高校。

“进入校园并不是为了赚取分期利息，而是希望创新金融产品，能把京东商城更好的消费体验带给学生群体，并构建学生群体的信用模式。”京东金融消费金融部高级总监许凌分析指出。

即使获得收入的能力较低，但学生群体依然有合理利用金融产品，适度超前消费的权利。不过，学生能否理性消费及这一群体的信用状态，是目前市场不看好校园白条的两大因素。同时，大学生分期市场尚处于“跑马圈地”阶段。

此外，京东白条在拓展校园市场的同时，也正把触角伸向广大农村地区。

京东正式推出校园白条

实际上，早在2014年9月的消费金融战略发布会上，京东金融就宣布推出了针对大学生的校园白条业务，并将首先在移动端上线，学生凭借学生证、身份证以及借记卡，在京东金融App上就可以申请开通校园白条业务。不过，当时该业务只是在国内重点高校试点。

校园白条在信用额度内可先完成购买，30天内还款，不收利息，教育培训等大额支出还能选择3个月到24个月分期还款，手续费比同业利率低得多。同时，校园白条还在大学生理性消费书籍、食品、服饰等低单价品类方面提供相应服务。

“虽然‘先消费、后付款’这一消费理念早已被年轻人接受，但在校学生群体却因囊中羞涩而无法享受这份便利。校园白条不仅让学生享受到京东消费体验服务，更能帮助学生培养良好的消费习惯，同时提前培养他们的信用习惯。”京东金融消费金融部高级总监许凌分析指出。

京东在客户数据分析、信用评价、风险控制方面积累了相当多的经验，因此有信心来开拓校园市场。不过，作为第一个尝试大学生分期业务的电商巨头，并不意味着就一定能占据较大的市场份额，其解决困难、挫折的经验，如果被竞争对手学去了，也有可能被对手“弯道超车”。

事实上，2014年是大学生分期购物市场狂飙突进的一年，市场上出现了数十家分期平台，其中的代表有分期乐、趣分期，爱学贷等，平台更于2015年1月纷纷宣布获得新一轮巨额融资。

“近半年来，很多创业公司进入校园，为大学生提供信贷消费服务，但对于京东金融来说，切入校园金融，是为了在学生的教育方面提供服务与帮助，而且在更适合学生理性消费的书籍、食品、服饰等低单价品类方面，京东无疑有更大优势。”京东金融消费金融部高级总监许凌分析指出。

不少大学生都喜欢电商购物，但没有钱和信用卡，存在分期购买的需求，而上述产品的推出恰恰满足了这个需求，所以大学生分期市场比较受欢迎。

资本雄厚平台或更具优势

不过，由于一些大学分期平台收取的服务费年化利率高达20%，因此有业内人士质疑大学生分期是变相的高利贷。同时，针对没有消费能力的学生群体拓展信用消费业务是否会有风险，也引发业内人士热议。

对此，校园白条方面人士表示，针对这一方面，京东将充分利用自身的数据优势、物流优势、品牌优势来进行风险控制。

这不算是变相高利贷，这个市场刚刚开始，还是有发展空间的。不过，因为还涉及实地审核的问题，到这么多学校去审核，成本很高，这个模式将来还是应该有变化，以现有的模式来看，扩张起来还是比较费力的。

那么，这个市场的空间有多大？

“学生正处于青年时期，学生的数量和未来蕴藏的消费潜力都是不可小觑的，而学生能否理性消费以及这个群体的信用状态，是目前市场不看好校园白条的一个因素。目前，分期市场潜力巨大，如果不采用差异化策略，竞争也会较为激烈。”钱海利表示。

大学生分期市场目前还处于“跑马圈地”阶段，同质化竞争不可避免，而竞争的背后主要看资本力量，资本雄厚者或许可以抢占更多的用户群，从而奠定市场地位。

第三节　京东理财

京东理财学院

京东金融为了让更多人、更多地区、更大年龄的人通过互联网理财，成立了理财学院。

此前，根据京东财富管理所收集的数据，在理财市场的人群中，男女比例目前基本处于7：3的水平，北上广一带发达地区的理财人群仍然占大多数，理财群体的平均年龄集中在20～40岁区间。这表明，当前互联网金融仍有极大的结构性潜力有待挖掘。

京东投资理财学院将通过整合金融行业资源的方法，让更多的金融理财用户能够获得更为科学的金融理财知识，并形成金融理财社交圈子。而这些金融行业资源包括知名投资人、学术机构、金牌分析师等。京东金融理财学院还利用线上视频、线下讲座、投资者沙龙等教学方式及互动模式进行教学，并和一些学术机构进行合作，开展学术研究和人才培养，不以盈利为主要目的，旨在为社会输出专业型人才，贡献有价值的学术研究成果。

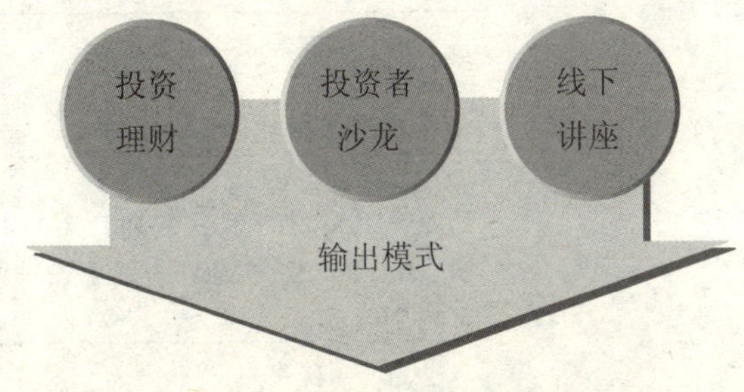

图9-11　金融理财学院输出模式图

京东理财的六大产品

京东小金库

京东小金库是京东金融集团为个人用户打造的个人资产增值服务。把资金转入京东小金库即可向基金公司购买货币基金等理财产品。截至2016年7月1日，京东小金库不收取任何手续费。

京东小金库内的资金不仅可以获得稳健的收益，还可随时在京东金融购买理财产品诸如票据、基金等。此外，资金可随时提取转出，方便灵活且不收取任何手续费，真正实现花钱赚钱两不误。

小白理财

京东小白理财为用户精心挑选了最稳定、高收益的保险理财产品，选择灵活，简单易操作，用户无须懂得专业理财知识。

京东小白理财售卖的都是低风险产品，根据以往投资历史来看，收益稳定，没有出现过亏损的情况。

京东小白理财的特点如下图所示。

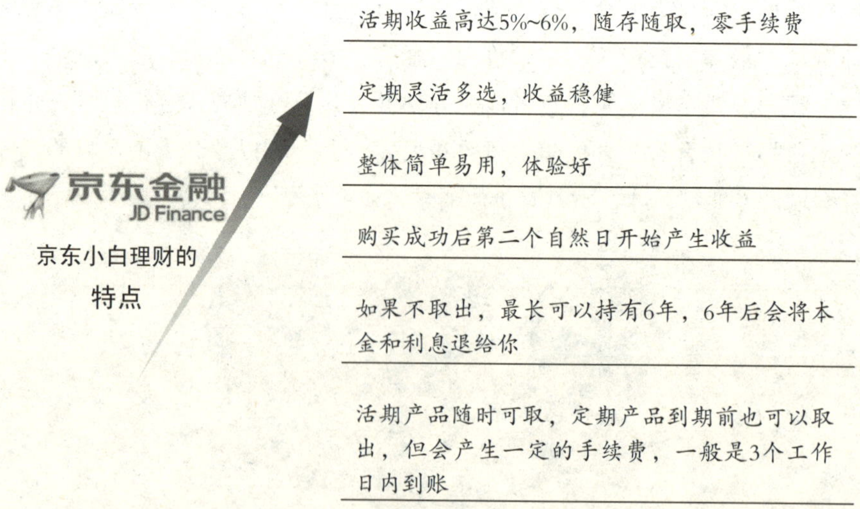

京东金融
JD Finance
京东小白理财的特点

活期收益高达5%~6%，随存随取，零手续费

定期灵活多选，收益稳健

整体简单易用，体验好

购买成功后第二个自然日开始产生收益

如果不取出，最长可以持有6年，6年后会将本金和利息退给你

活期产品随时可取，定期产品到期前也可以取出，但会产生一定的手续费，一般是3个工作日内到账

图9-12　京东小白理财的特点

基金理财

京东基金理财是京东金融推出的用户基金投资产品，为用户购买基金提供平台。

基金理财开户及购买流程如下图所示。

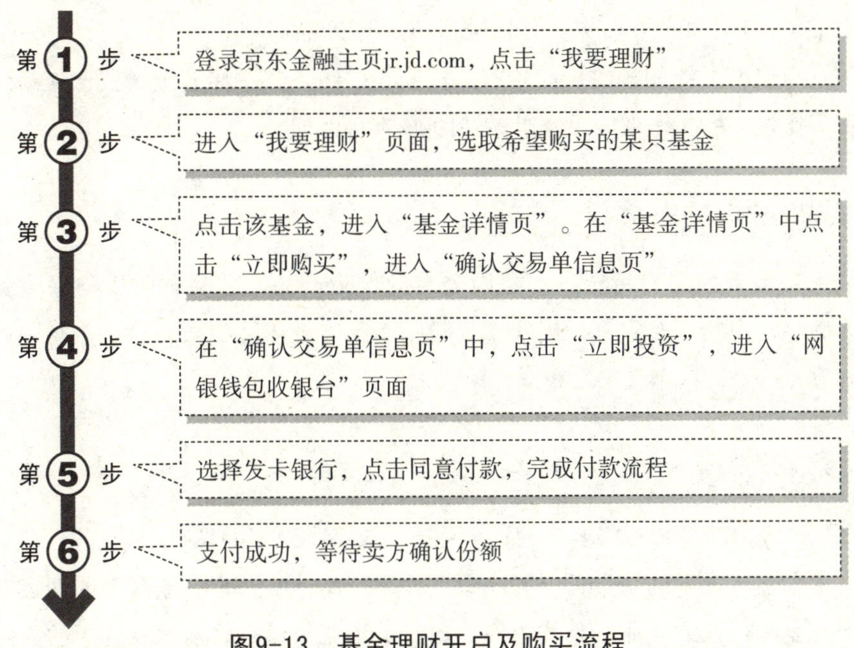

图9-13　基金理财开户及购买流程

固收理财

（1）金点点。

金点点是京东金融平台推出的新型投资理财产品，为不同理财需求的个体提供各类型的理财选择，具备高收益、低风险、强保障和易操作等特点。

目前金点点理财包括金点点—月月收和金点点—稳稳赚两款理财产品。

金点点—月月收：由京东体系内/外优质商户借款需求生成的基础借贷投资产品，供各类个体投资者选择投资，具有投资门槛低、收益率高、收益方式灵活、变现灵活、本息保障等特征。

金点点—稳稳赚：京东、地方金融交易中心及担保机构联合推出的私募债权和其他权益类理财产品，供具有一定资质的投资者选择投资，具有专业背书、稳定收益、本息保障等特征。

（2）京东聚财。

京东聚财是京东金融2015年推出的一个固定收益率类理财产品平台，平台目前主要联合国有金融资产交易所和AA+评级担保公司向投资者提供1年期以内，年化收益率可达6%~9%的固定收益类理财产品。

京东聚财上线的理财产品均有双重安全保障，其中国有金融资产交易所提供资产托管，AA+评级担保公司提供100%本息保证。

保险理财

京东金融为用户精选各大保险公司的保险产品，包括理财类与保障类险种，满足用户的综合家庭理财需求。包括车险、健康险、意外险、旅行险以及爱情险，另外，京东首家发布众筹险。

票据理财

票据理财就是银行将客户的资金用于投资各类票据的理财产品。

京东金融提供的票据理财为小银票系列产品，收益率一般高于同期定期理财和商业银行理财产品，且均由商业银行承诺兑付，是目前比较理想的固定收益类理财产品。

票据理财购买流程如下图所示。

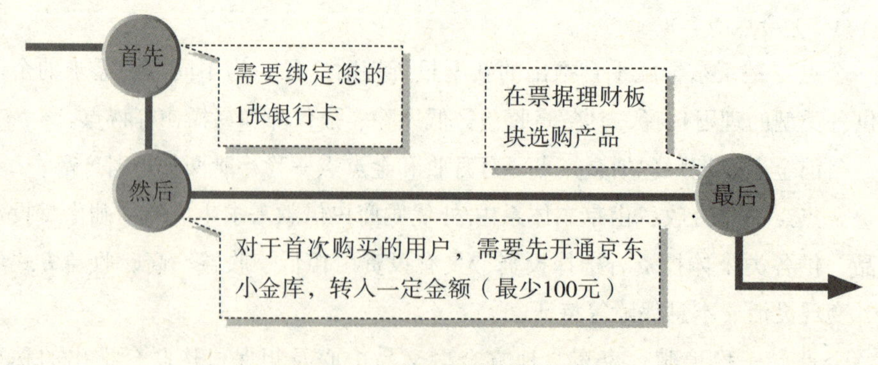

图9-14　票据理财购买流程

京东构建大理财体系

京东金融的财富管理以及理财社区正在着力构建一种新型的理财体系——大理财体系。京东金融大理财体系旨在为不同用户实现不同的理财目标，并竭力遵守四大原则：重体验、多产品、追幸福、找归属，而这四大原则的宗旨，是“让理财变得简单快乐”。

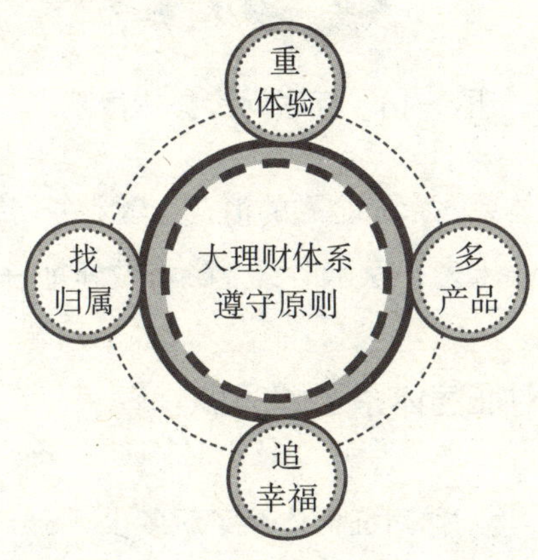

图9-15 大理财体系遵守原则

京东金融大理财体系正在研发一套智能投资组合推荐方法，通过这种智能投资组合推荐方法，能够让用户制定符合自我需求的、更有针对性的金融理财方案，减少盲从与试错，让投资者的风险降到最低，实现利益最大化。

京东构建互联网大征信体系

2015年6月29日，京东消费金融业务高级总监许凌向外宣布，由京东生态大数据、京东用户信用等级体系和国际上顶尖的数据分析团队3个核心构建了互联网大征信体系。具体如下图所示。

图9-16　互联网大征信体系

对于互联网大征信体系，京东金融的消费金融业务高级总监许凌表示，金融市场是一个强监管市场，未来，京东消费金融将做好每一个细分领域的业务。

【拓展阅读】你对征信体系了解多少

你对征信体系了解多少

2011年，一女子在遭到侮辱后死亡，死者家属将同行的5个人告上了法庭，法院判被告人每人赔偿1.8万元，不过其中的邓某却不愿意承担赔偿义务，因此被纳入“失信被执行人名单”，但其并不以为意。4年后的端午节，邓某因为被纳入了“失信被执行人名单”而无法购买高铁票。邓某感觉颜面尽失，无法面对同行朋友异样的目光。端午假期后的第一个工作日，邓某便带着1.8万元现金到法院履行赔偿义务，并写下了悔过书，希望法院尽快将她从名单中删除——那么问题来了，“失信被执行人名单”是什么？被强行加到“失信被执行人名单”后将会付出什么样的代价？

（1）“失信被执行人名单”和各行各业信息互通：

“失信被执行人名单”是指《最高人民法院关于公布失信被执行人名单信息的若干规定》第一条规定中所指的“被执行人具有履行能力而不履行生效法律文书确定的义务”的六类人名单，即：被执行人具有履行能力而不履行生效法律文书确定的义务，并具有下列情形之一的，人民法院应当将其纳入“失信被执行人名单”，依法对其进行信用惩戒。法院可以把被执行人名单信息向政府相关部门、金融监管机构、金融机构、承担行政职能的事业单位及行业协会等通报。

（2）企业将在这些方面受到影响：

在政府采购、招标投标、行政审批、政府扶持、融资信贷、市场准入、资质认定等方面，对失信被执行人予以信用惩戒。

（3）个人有钱也不能做这些事：

乘坐交通工具时，选择飞机、列车软卧、轮船二等以上舱位；

在星级以上宾馆、酒店、夜总会、高尔夫球场等场所进行高消费；

购买不动产或者新建、扩建高档装修房屋；

租赁高档写字楼、宾馆、公寓等场所办公；

购买非经营必需车辆；

旅游、度假；

子女就读高收费私立学校；

支付高额保费购买保险理财产品；

其他非生活和工作必需的高消费行为。

不难发现，在让个人信用信息在不同机构中互相联通方面，互联网功不可没。而在互联网大潮来临之际，征信系统将在金融等领域发挥重要作用，同时也将影响个人及企业更细微深入的方面。据中商情报网预测，个人征信业务最终将形成行业集中、市场细分的竞争格局，前三名公司能够占据70%～80%的市值。且可以预测到中国征信系统未来发展的两点趋势：

（1）民营征信公司将与央行征信中心形成错位竞争。

民营征信公司已经形成多层次布局：包括以央行征信中心为代表的国家队，会员制联盟、重资产模式、轻资产模式、数据整合与评分模型模式，以及互联网模式。

（2）私营征信机构将呈现垄断竞争格局。

互联网公司拥有现成的大量数据基础，实现广泛覆盖较为容易。虽然相对欠缺征信行业经验，但大数据技术的应用将提高互联网公司的数据管理和分析能力。例如一些公司已经在利用积累的社交、支付、电商数据，建立多维度的个人信用模型，推广个人信用评分和量身定造信贷产品。参考美国的经验，小型的征信公司往往会被吞并，或者专注于细分市场，成为大型征信公司的数据提供商。

第四节　京东支付

京东支付

京东支付（原名为“网银+”）是一款由京东金融旗下网银在线开发，针对移动互联网市场推出的兼容PC、无线端主流环境的跨平台安全便捷的支付产品。

京东支付的五大特点如下图所示。

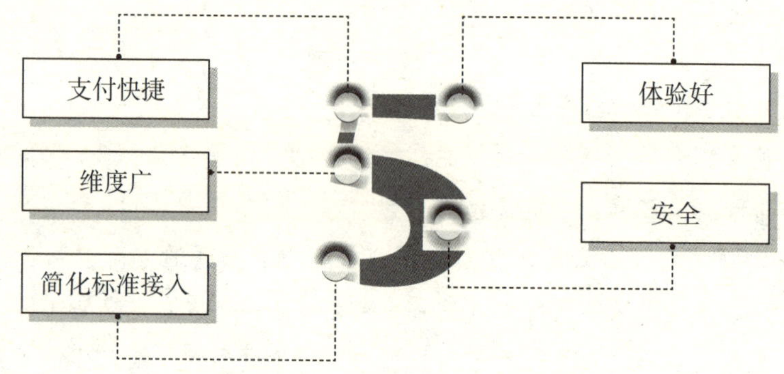

图9-17　京东支付的五大特点

京东支付实现了真正意义上的一键支付。用户只需一张有预留手机号的银行卡及验证短信即可完成支付，无须开通网银，无须注册第三方账户或记忆密码。

京东支付的四大优势如下图所示。

仅需一张有预留手机号的银行卡及验证短信即可完成支付，无须开通网银，无须注册第三方账户

用户再次支付仅需通过验证短信

支付全程在商户应用内完成，无须跳出应用

隐私保护：商户不涉及处理或记录用户银行卡等敏感信息

图9-18　京东支付的四大优势

【拓展阅读】京东商城正式接通俄罗斯Yandex支付系统

京东商城正式接通俄罗斯Yandex支付系统

北京时间2015年9月16日晚，俄罗斯卫星网报道，俄罗斯互联网公司Yandex发布消息称，中国在线零售商京东已正式开始通过Yandex支付在俄罗斯接受付款。

2015年夏季，京东登陆俄罗斯，在此之前，俄罗斯消费者在京东购物，只能通过外国银行卡或PayPal付款。

消息中援引京东国际业务总裁徐昕泉原话："得益于公司与Yandex支付之间的合作，京东上立即出现了多种俄罗斯流行的支付方式，这使得公司的服务更加便利。现在用户可以在我们网站上订购商品，通过他们在俄罗斯最好的网店上习惯使用的方式进行支付。"

据悉，2014年，中国有约50家大中型网上购物平台与Yandex支付牵手成功，截至目前，俄罗斯消费者通过该系统支付给中国平台的数额，占到Yandex支付付款总额的1/3。2015年6～8月，付款规模与2014年夏季相比增加了11倍。

京东钱包

京东钱包是网银在线的个人账户产品，致力于为用户提供安全、快捷、可信赖的在线支付服务。京东钱包提供卓越的网上支付和清算服务，为用户提供在线充值、在线支付、交易管理、提现等丰富的功能，在电子支付领域，京东钱包凭借丰富的产品线、卓越的创新能力迅速赢得消费者、金融机构以及政府部门的高度认可。截至2015年第二季度，京东钱包已与包括四大银行、银联在内的数十家金融机构以及VISA、Master等五大国际发卡组织建立了长期的战略合作关系。

图9-19　京东钱包首页截图

京东钱包的优势如下图所示。

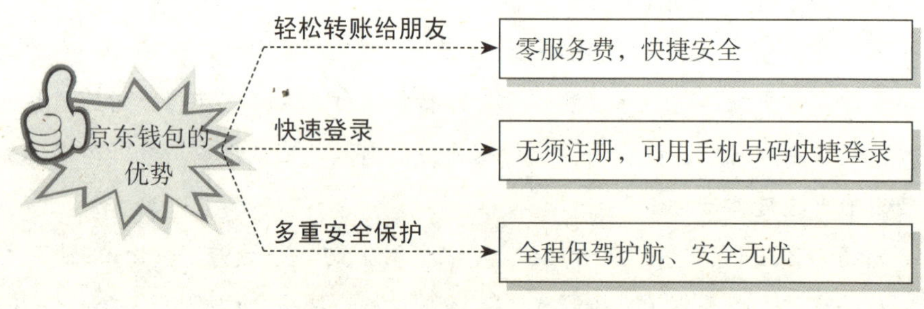

图9-20　京东钱包的优势

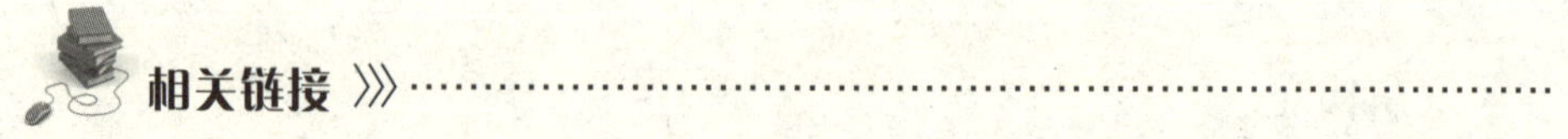

另类分析！网银钱包为什么更名京东钱包

2015年4月28日，京东金融借参加全球移动互联网大会之际，向外宣布了网银钱包更名为“京东钱包”这一消息。据京东钱包官方微博的介绍，自2015年4月28日零点起，网银钱包微博正式更名为“京东钱包官方微博”，微信公众服务号同步更名为“京东钱包”，域名由wangyin.com变更为jdpay.com，网银+更名为“京东支付”。

网银在线于2003年成立，2012年被京东收购，2014年网银钱包正式上线。

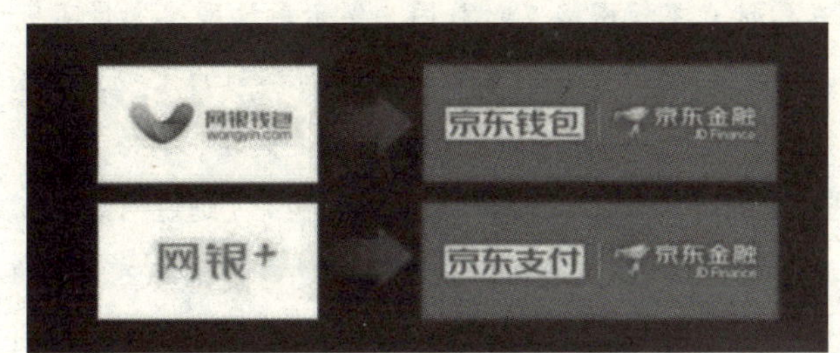

图9-21 网银钱包更名为“京东钱包”

为什么改名？大众的解释

关于改名的原因，媒体报道的描述大同小异，都引用了京东金融副总裁丁晓强的一段话：“支付是京东的战略级业务，连接了京东整个生态圈，能够为用户提供支付、理财、购物、资产管理等金融服务功能。而更名后的京东支付将更好地服务于京东体系，通过与线上优势相融合，实现双线闭环，为线下商户提供更加便捷化、多元化的金融服务。”

早期的京东为什么不重视网络支付？货到付款>在线支付

京东2011年取消了与支付宝的合作，京东宁愿失去一部分潜在的用户也要停止使用支付宝，曾经引发一段时间的讨论。不与支付宝合作的原因其实很简单，商业数据永远是电商最核心、最机密的数据，根据支付情况，很容易得出客户的大数据，谁都不愿意把核心数据暴露给别人，尤其是竞争对手，京东曾给出的支付宝费率高的理由只是个幌子而已。

早期的京东，选择货到付款这一支付方式的交易占总交易的90%，因为货到付款的存在，所以支付宝的大部分作用被抹消掉了，再加上之后京东收购了网银在线，剩下的一点不方便就可以被忽略了。后来京东又推出了业界最早的消费金融产品京东白条，于是根本就不用现款支付了，京东可以先让你贷款，之后你再还就行。另外，早期的京东战略重点是打造自己的物流体系，进行差异化竞争，获取市场份额。

京东到现在还能这么火，也得益于物流体系的成功，当然，更关键的还是京东成功地让消费者相信京东的产品都是正品。拆开说大致有4点：（1）B2C在信任上有天然的优势。（2）货到付款，配送还特别快。（3）强大的售后，换货爽快。（4）所有订单都可以开具发票，让人感觉正规。

现在的京东为什么重视网络支付？因为做金融没网络支付不行

京东从阿里巴巴刮起的互联网金融风中嗅到巨大的商机，故而紧锣密鼓地筹建自己的金融集团。当前，网银在线就是京东的支付宝，现在京东早已不是以前的90%的交易都选择货到付款了，而是50%以上的订单都是通过网银在线交易的。

其实早在2014年，京东CEO刘强东就表示，10年后京东70%的净利润将来自金融业务。这说明金融业务将是京东下一步的战略重点，而网络支付作为互联网金融的底层支撑，无论是互联网理财，还是P2P借贷，乃至众筹平台，如果没有网络支付，根本无法实现。

京东打造的物流体系已经基本成型，网银钱包的改名意味着支付体系的建立。而一旦支付体系打造完毕，京东的各个环节基本就打通了，钱在京东体系内部流通，京东做金融业务就更是水到渠成。就像阿里巴巴利用支付宝做金融一样，每年光利息就有不少钱。

品牌架构上，网银钱包（京东钱包）=支付宝钱包，京东金融=淘宝理财，京东小金库=余额宝，过去京东金融的重要性给人的感觉超过了网银钱包，也就是说，理财＞支付。除了白条、众筹外，其实京东金融的基金超市模式并没有进行多大创新，能买基金、买保险的网站多了去了，投资者在很多地方都可以在线购买金融产品。

当前还很难说京东金融能做得多成功，可毕竟它背后有京东的购物平台做支撑，至2015年，京东虽然还没法和支付宝背后的淘宝天猫比，但第二名的位置足够牢固，京东做金融起码比其他只能单纯做理财的互联网公司优势要大。天弘基金之所以能做大，不是因为它的产品好，而是支付宝的用户群庞大。

综上所述，网银钱包改名为“京东钱包”，不仅仅是改个名字这么简单，这意味着京东战略重心由物流体系打造转向支付体系建设，支付方式得到了统一，改名将更加便于发挥京东品牌效应及产品概念的引导作用。

第五节　京东众筹

京东众筹作为京东金融第五大业务板块于2014年7月1日正式诞生，旨在打造门槛极低、新奇好玩、全民都有真实参与感的众筹平台。众筹主要分为产品众筹、股权众筹、轻众筹、公益众筹等。

产品众筹

产品众筹是出资人对众筹项目进行投资，获得产品或服务，通俗说就是你支持我，我用实物或者虚拟权益作为回报。

京东产品众筹的特点如下：

（1）优选聚集好的创意，出资人找到好玩的、有趣的项目，其身份不只是消费者、投资者，更是参与者。

（2）在项目初期，出资人在产品设计、生产、定价等环节，可以与筹资人建立起深层次的互动关系，并能决定产品的未来，这些过程都体现出了真实的参与感，满足了用户的消费升级需求。

（3）对筹资人而言，京东众筹不仅是一个筹资平台，更是一个孵化平台，京东强大的供应链及资源整合能力，能为筹资人提供各种资源，扶持项目快速成长。

相关链接》》

众筹模式真火了！京东众筹一年筹了多少钱？结果惊人！

2015年8月，京东众筹对外发布了过去一年来的相关数据，其显示京东权益类众筹自2014年7月1日上线以来，截至2015年7月1日，总筹资额已超7亿元，项目筹资成功率已超90%，其中筹资百万级项目超100个，千万级项目已有12个。

根据京东方面表示，在过去一年时间里，通过京东众筹获得总筹资额最多的为小牛电动车，其以7200万元创造了国内最高权益类众筹纪录。

而人气最高的众筹项目则为三星S6钢铁侠限量版手机，其众筹总参与人数达到了35.9万人。

据零壹财经统计，2015年上半年，商品众筹整体交易规模达到8亿元，其中京东众筹达到4.5亿元，占整个行业的56.3%。

另据了解，2015年上半年商品众筹项目TOP15中，京东众筹项目占到9个，成为国内最大的权益类众筹平台。

……………………………………………………………………………………

股权众筹

股权众筹

在众筹业务推出8个月之后，2015年3月31日，被京东寄予厚望的京东股权众筹重磅上线。

股权众筹是筹资公司出让一定比例的股份，面向普通投资者，投资者通过出资入股筹资公司，获得未来收益。

对于京东来说，股权众筹上线，是京东金融五大业务板块中众筹业务的进一步延展，构建创业平台、创业生态圈是京东金融至关重要的战略布局。

股权众筹的模式

与产品众筹垂直于智能硬件和流行文化这两大领域有所不同，股权众筹主攻的是创业市场。

股权众筹采用“领投+跟投”模式，即由一位经验丰富的专业投资人作为领投人，众多跟投人选择跟投。

股权众筹特点

（1）风险大。在美国，获得风险投资的创业企业在5年内的失败率平均达到60%~80%。

（2）需要巨大的耐心。投资一家创业企业平均需要5年多才能退出，从而获得最终收益。

（3）即使投资企业发展顺利，也只有在创业企业被收购、进行下一轮融资或者上市时，投资人才能兑现收益。

股权众筹的三大优势

第一，平台优势，京东金融已成为国内最大的互联网金融平台之一，依托京东创业生态圈的全平台资源，可以打造集中更多优质创业项目的平台。

第二，股权众筹上线后，与权益众筹可以互相配合。权益类众筹项目可以检验项目的受欢迎程度，也可以作为股权众筹的初选。

第三，股权众筹的投资人，也可以成为权益众筹的买单者。

【拓展阅读】黑马雷神科技为何受青睐

黑马雷神科技为何受青睐

2015年3月31日，由京东“做东”的股权众筹发布会在北京召开，掌门刘强东出席助阵，与天使投资人薛蛮子、徐小平、袁岳等大咖一起畅谈股权众筹这匹杀入资本市场的黑马，畅谈创业生态圈。值得注意的是，同样以黑马姿态在游戏笔记本领域攻城拔寨的雷神科技，作为京东在IT数码领域重要的战略合作伙伴，受到投资者的特别垂青。

雷神一年前由天使投资人注资成立，创始团队成员平均年龄不到28岁，被评为2014年计算机行业最具成长力企业。创牌短短9个月，创造上亿元产值，以不断攀升的战绩跃居京东游戏笔记本第二大品牌。立足用户交互，借母体强势整合资源，以互联网模式运作，以首个行业全屏无亮点承诺、雷电速度、神级服务获得百余万年轻粉丝拥趸，雷神在品牌、产品、用户三个维度，不断刷亮业界眼睛，也给京东带来一个个惊喜。

“我们目睹了雷神游戏笔记本的异军突起，研发、生产、营销、用户交互，雷神已经搭建完成完整的、良性循环的生态圈，其资源整合能力、创新能力、产品迭代速度、质量管控能力、售后服务能力、粉丝聚集能力毋庸质疑。当我们开始酝酿此次股权众筹发布会之时，在硬件领域第一个想到的就是雷神。”

首次搭建股权众筹平台的京东，对新兴创业公司的选择十分慎重，高调重推雷神游戏笔记本显示出其对这个新晋品牌的十足信心。在此次股权众筹发布活动中，记者明显能够感受到京东对雷神的支持与偏爱。据悉，雷神的创业正是缘于京东的数据发现。当常规的电脑产品销量在下滑时，唯独游戏笔记本销量逐月上涨，而在游戏笔记本领域尚未出现垄断性品牌。瞅准机遇的雷神创始团队与京东相关负责人一拍即合：根据深入用户交互的13个游戏笔记本痛点，强势整合业界最优质资源，再加上英特尔、英伟达、蓝天工厂的全力支持，创牌雷神，推向市场后一举成功。

京东统计数据显示，雷神在创牌短短一年间，创造了十几个新品上市即被“秒光”的奇迹。从300台小批量试水半小时被抢光，到新品大批量上市21分钟3000台售罄，高端版私模产品雷神游戏笔记本911上市时1秒钟500台被抢光，不到4个月便销量过万，上市不到10个月，雷神创下单型号销量第一、专业游戏笔记本第二等多项奇迹，并在行业内掀起一轮创新竞争的风暴。最新百度指数显示，雷神用户关注度在所有游戏笔记本品牌中仅次于老牌王者外星人。“我们对雷神品牌的评估是非常负责任的！”京东相关负责人透露，年轻的雷神其实早已获得资本市场的深度关注，此次借京东股权众筹平台绽放光彩，让更多的投资者、消费者走近雷神，了解这个不一样的品牌所彰显出来的年轻活力。

“如果只是单纯地卖货赚钱，雷神游戏笔记本可能很快落入俗套，要想有更好的发展，我们必须生产有雷神特色的产品。”雷神科技有限公司CEO路凯林如此解说雷神的“不一样”。在产品获得初步成功后，雷神团队没有小富即安，而是斥重金打造“初心”——私模产品雷神911。据悉，从产品设计构想到上市共历时8个月，期间与用户、上下游产业链进行了无数次讨论、修改。进入上市前的产品公测阶段时，仅因为一个重度游戏玩家对普通用户根本无法察觉的10毫米散热铜管的意见，雷神硬是将新品上市时间推迟了2个月。最终成就了雷神911游戏笔记本“情怀落地”时，1秒钟500台被抢光的神话。

业界人士分析称，雷神游戏笔记本所带来的年轻受众正是京东想圈定的群体，而雷神团队所拥有的资源支撑、创业能力、核心用户数量所带来的信心保证，使其成为京东股权众筹平台想要打造的成功样本案例。此次雷神科技不仅参与股权众筹，同时还推出升级版私模产品雷神911M参与产品众筹。从曝光的照片来看，该游戏笔记本的高颜值、高能、高性情已经引爆发烧友的兴奋点。据悉，本次大会上，雷神股权众筹1300万元，上线仅1小时就被抢光。其中，成功投资过锤子手机、陌陌、足记的紫辉创投买下雷神1000万股权，创牌仅1年多的雷神在京东股权众筹平台上能为投资者创造什么样的价值，为京东带来什么样的回报，为用户带来什么样的惊喜，为业界带来什么样的推力，我们不妨拭目以待。

轻众筹

京东轻众筹（搞吧世界）是一种审核简单、即发即筹的众筹模式，专门针对在移动端发起的众筹，用户可以通过微信、微博、QQ空间等自传播方式来实现众筹目标。轻众筹致力于帮助年轻群体实现自己的梦想或愿望。

如何玩转轻众筹？具体方法如下图所示。

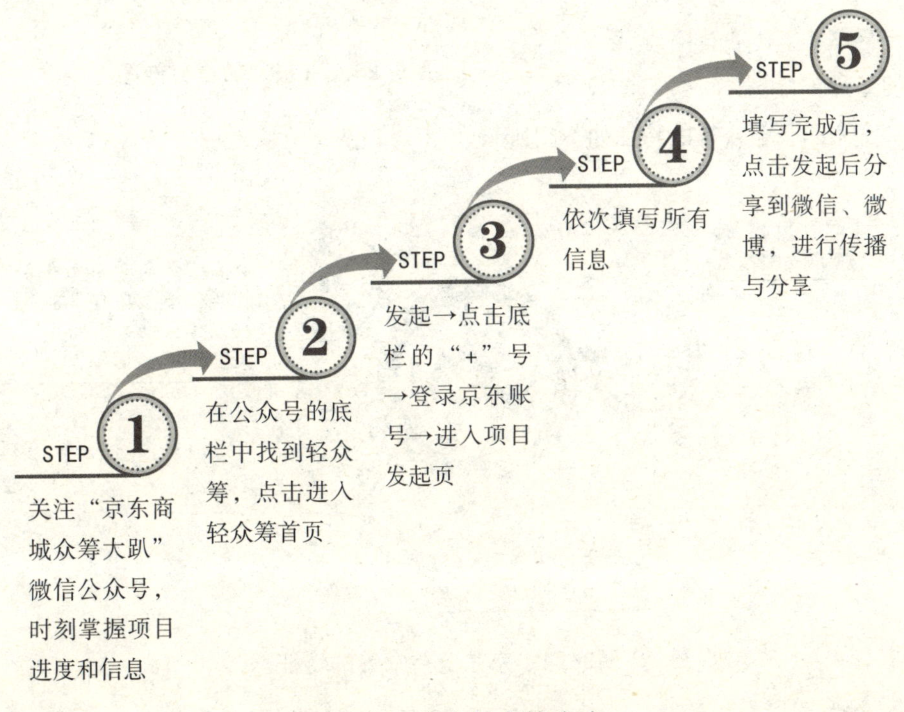

图9-22　京东轻众筹攻略

公益众筹

公益众筹指通过互联网方式发布筹款项目并募集资金。相对于传统的公益融资方式，公益众筹更为开放。只要是网友喜欢的项目，都可以通过公益众筹方式获得项目资金，为更多公益机构提供了无限的机会。

通过2014年12月3日的“刘强东和尤努斯邀你共进早餐”项目试水，京东公益众筹开始一路飞速发展。跟京东众筹引领国内众筹市场风向标一样，京东公益众筹在过去的时间里也掀起了一股全民公益的浪潮，特别是2015年6月1日发起的“和谢霆锋一起做公益”众筹项目，在1个月时间内筹集了107万元善款，这笔可观的善款将由爱德基金会捐助给“喜憨儿”（心智障碍者的通称）。

图9-23　京东金融首页截图

京东公益众筹的特征如下图所示。

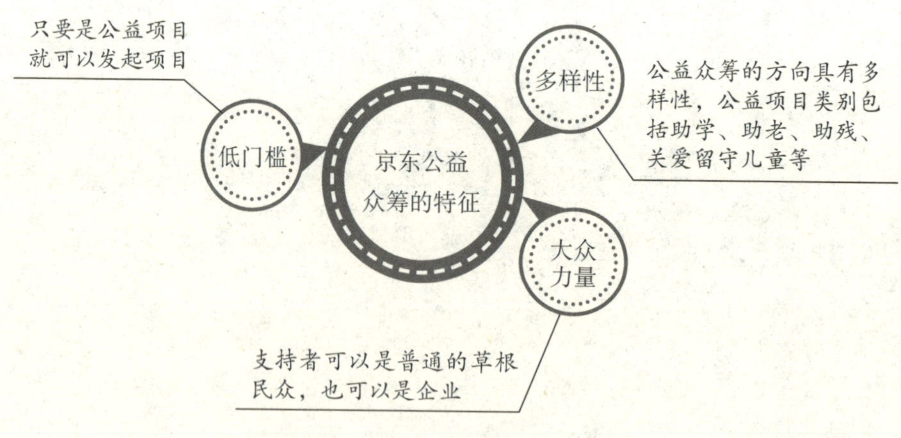

图9-24　京东公益众筹的特征

相关链接

京东金融开启“公益众筹+”时代，开创互联网公益新未来

2015年6月，京东金融高调宣布牵手谢霆锋，开始布局明星公益众筹蓝图。

“和谢霆锋一起做公益”项目自6月1日在京东众筹平台上线启动以来，受到了众多粉丝和业界人士的广泛关注，经过为期30天的众筹，最终以107万元的筹资总额完成了它的公益之旅，而京东众筹开创的“明星+公益+众筹”的创新模式，也成为媒体追捧的热点话题。

7月4日，在“和谢霆锋一起做公益”活动上，京东众筹正式启动“公益众筹+”计划，号召更多公益基金组织、明星与京东众筹携手推进公益事业发展。随着计划的公布，也预示着互联网公益新时代的到来。

“公益众筹+”成互联网公益必然趋势

据悉，此次“和谢霆锋一起做公益”众筹项目旨在为更多特殊人群、公益组织等需要帮助的群体或机构带去关怀与支持。谢霆锋提供888盒限量定制版爱心小熊锋味曲奇、亲笔签名公益证书、见面权益等回报给支持项目的爱心筹客，并将众筹全部款项捐给爱德基金会。

京东众筹通过携手极具影响力的影视、餐饮、时尚、房地产界的青年杰出代表谢霆锋作为公益众筹的领袖人物，并联合公益组织爱德基金会，帮助“喜憨儿”学习烘培，使之能够有一技之长，在多方合力下碰撞出了更温暖的火花。

“公益众筹+”计划指的是，京东众筹将面向社会需要帮助的弱势群体提供帮助，聚拢各类公益基金优秀机构，聚合文娱界明星、公益领域资深人士等社会力量，搭建供公益机构、社会友爱人士与弱势群体之间互助沟通的平台，旨在让互联网公益更加透明化、公开化、高效化，将社会正能量与关爱通过众筹的模式释放、扩散，以公益众筹的力量，推动社会和谐进步，缔造一个集结梦想、爱与力量的精神家园。

京东权益类众筹负责人高洪偲表示：“众筹模式激活了传统公益，‘公益众筹+’不是一个大而全的概念，而是真正将社会公益基金组织及社会顶尖力量聚集在一起，让公益更加透明、公开、高效，互联网公益的新拐点已经到来。”

谢霆锋为公益众筹添璀璨星光

本次公益众筹的活动有幸牵手谢霆锋，为京东“公益众筹+”计划带来了极高的人气。

谢霆锋表示，本次之所以与京东众筹开展合作，是因为京东众筹的公益情怀与他做慈善事业的初心是一致的，京东众筹更是全国最大的权益类众筹平台，他全力支持与京东众筹的合作。

与一般慈善捐款不同，公益众筹用互联网渠道颠覆了以往大家对公益事业的认知。谢霆锋认为：“通过京东众筹，我可以把自己烹饪的美食分享给更多的人，而这些人在得到众筹回报的同时也能帮助社会上的弱势群体。这个社会需要感恩，公益就是不分大小，从举手之劳的事做起。”未来，谢霆锋将号召更多的明星加入“公益众筹+”计划，让更多有需要的小朋友获得帮助。

京东众筹开创的明星公益众筹项目借助明星效应扩散公益正能量，充分体现了明星在公益众筹中的价值，也彰显了众筹行业助人完成梦想的本质。

在本场谢霆锋粉丝见面会活动中，谢霆锋与“喜憨儿”一起烘焙、与筹客近距离互动等环节的开展，为现场增添了友爱氛围，爱心企业与爱心人士的参与更是让活动高潮不断。现场数家公益机构宣布成立公益众筹联盟，大力助推公益众筹事业走向更广阔的未来。

“明星+公益+众筹”的新模式，不仅能够体现出京东众筹的实力与优势，更能体现出京东众筹的企业社会责任感与至高无上的人文情怀，京东众筹将对公益事业进行持续投入，为更多需要帮助的群体带去爱心支持。

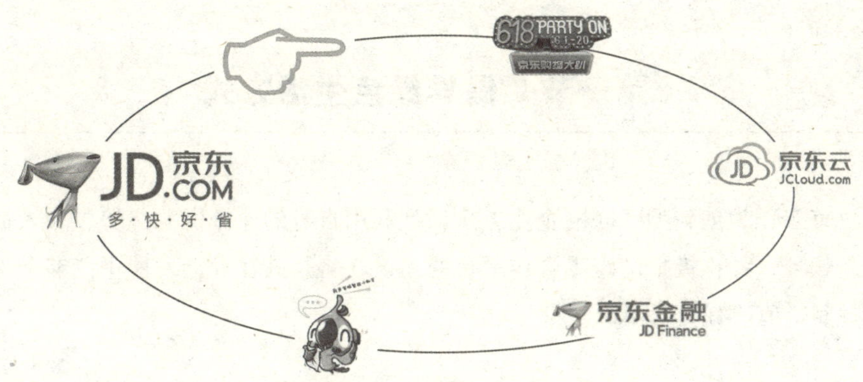

第十章
京东的社会责任

导言：

作为中国最受消费者信赖的电子商务网站之一，京东不仅通过在技术、产品、物流等方面的持续创新，有力推动了中国电商行业的发展，还设立了社会责任部，并在其他各部门及区域设立了企业社会责任联络员，从而全方位推动京东的企业社会责任工作。为践行“让生活变得简单快乐”的企业使命，京东建立了“五为”社会责任体系，勇于向用户、合作伙伴、员工、环境和社会承担应有的责任。

第一节　倡导绿色生活方式

京东作为创新型互联网企业，认识到利用自身的业务资源优势，融入社会创新领域，并积极推动跨界合作平台的建设，将是其在社会发展中能够最大化发挥其价值的有效途径。

京东践行“五为”理念

“五为”即为社会、为环境、为用户、为员工、为合作伙伴。

“五为”理念一直是京东主张的社会责任理念。同时，京东进一步在“五为”的基础上提出了“以环境和社会为主要手段整合内外资源，与政府、媒体和公益组织协同创新，为核心利益相关方创造共享价值”的核心价值理念，并系统建立了京东社会责任框架。

京东的环保理念

京东2013年开始确立“绿色京东 ”战略，同时，京东已经在仓储、配送、行政、采销、财务等诸多方面进行环保创新。

京东为各个省市购买自营全品类商品的消费者开具电子发票，并在2014年6月27日实现对试点企业成功开具中国首张对公可报销电子发票，而且是以电子化方式入账，这样，京东有效解决了电子发票报销、入账难的问题，为电子发票的全面推广扫清了最大的障碍，这是中国电子发票推广应用的重要开端。

京东电子发票的推广，对国家节能减排、消费者权益保护、财税经济管理、企业经济效益等方面都具有非常大的意义。仅仅以京东为例，全面应用电子发票后，短短 1 年时间可以节约5亿张纸质发票，相当于300多吨优质纸张，拯救了近2000棵成年树木，减少近200吨的二氧化碳排放量，为国家的绿色环保做了不少贡献。

【拓展阅读】京东承诺自觉履行企业环保责任引环保部关注

京东承诺自觉履行企业环保责任引环保部关注

2015年4月22日，在第42个世界地球日来临之际，京东发布了《绿色电商环境战略宣言》，承诺并号召电商自觉履行企业环保责任，积极发挥自身影响力，带动旗下的供应商和1.8亿注册用户践行低碳环保。据悉，这是国内首个由电商企业发布的环境战略宣言。

环保部宣传教育中心相关负责人对京东发布的《绿色电商环境战略宣言》给予高度评价，认为京东在履行自身社会责任的同时，倡导绿色低碳的经营方式、环境友好的发展方向的做法值得肯定。

近年来，中国电子商务发展迅速，据《2013年度中国电子商务市场数据监测报告》显示，截至2013年年底，中国电子商务市场交易规模达10.2万亿元，同比增长29.9%。

专家表示，电子商务的迅猛发展，提高了商业活动的效率，促进了商品流通，使商品交易行为更加低碳。

据中国社会科学院中国循环经济与环境评估预测研究中心的《电子商务的环境影响报告》测算，以2009年为例，我国网络零售能耗相当于每亿元销售额减少了能耗393吨标准煤。据不完全统计，2013年我国网络零售总额突破1.85万亿元。根据上述数据粗略估算，2013年我国电子商务交易节能总量相当于727万吨标准煤。

由于电子商务延长了物流路线，增加了网上交易平台能耗和个人网上购物能耗，在一定程度上带来了能源消耗的增加，因此电商企业还应运用智能运输系统、云计算技术，优化仓储系统、绿化供应链，应用新能源车辆、开展包装循环利用，同时优化提高管理系统，以低碳环保的理念，打造全新的低碳电子商务产业。

京东正品保障消费者绿色购物

中国互联网电商领域的信用机制和监管体系不够健全，网络上大量假货的流行是对网购消费者的最大伤害，也是制约电商发展的最大瓶颈。京东经过10多年的实践探索，重新定义了电子商务的“信用”。

2014年1月1日，京东率先实施了《新消费者权益保护法》和《网络交易管理办法》；主动承担《加强第三方网络商品交易平台的监管》的研究，并参与建设了网络商家数据中心；在北京、上海、广东等省市有关部门的指导下，京东倡导电子商务企业签署《网络零售行业加强商品质量管理自律公约》和《网络零售行业商品质量管理控制操作指南》，发起了“电子商务企业质量诚信共同宣言”活动。

2014年10月28日，京东发布了《优品宣言》，与供应商厂家和卖家代表共同签署了联合承诺书，做出“杜绝假冒伪劣、真实让利回馈消费者、全程优质服务”的郑重承诺和保证，共同建立高效、简洁、透明的企业诚信和质量保证体系。

同时，京东还设立了1000万元保证金，及时为消费者支付退货款，解除了消费者网购的后顾之忧。除此之外，京东建立了完善的反商业贿赂政策，以及顾客抱怨和投诉处理机制，并长期有效运行。

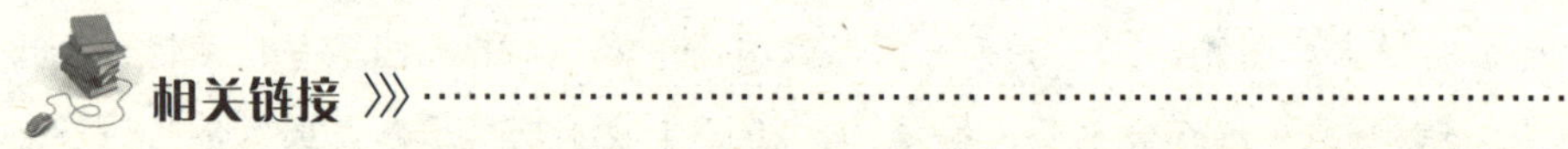

躬耕十年得认可：京东获“2012—2013年度最受尊敬企业”荣誉

2013年8月8日，“2012—2013年度最受尊敬企业”奖项在清华大学颁出，国内最大综合网购平台京东（JD.COM）从60家入围企业中脱颖而出，获得这一殊荣，标志着京东在电商领域的卓绝成绩再次得到了认可。

“最受尊敬企业”评选由《经济观察报》主办，得到多家知名商学院的学术支持，致力于寻找中国商业的新定义与新思维。该项评选迄今为止已经举办了多届，凭借公正的评选原则、严谨的评选流程，得到了社会各界的高度认可，成为中国财经界一年一度的盛事。

作为电商行业巨擘，京东获得此项荣誉，与领先的市场地位、高品质的用户体验、持续创新的供应链建设密不可分。一方面，京东以连续多年超过200%的年均复合增长率迅猛成长，并在2013年上半年，以43.9%的市场占有率稳居国内自营B2C电商第一的位置。另一方面，京东在飞速成长的同时，持续创新，敢为业内之先。通过构建覆盖全国的自建物流体系，京东向消费者提供了多维度、个性化的配送方式，向合作伙伴提供了一站式的供应链整体解决方案；通过持续地研发投入，京东在精准营销技术、大数据挖掘能力、移动互联优势上一马当先；此外，京东还通过推动电商金融服务，破解供应商及卖家在资金上的困局，促进了整个电商生态系统的持续共荣。

不仅如此，京东还建立了“五为”社会责任实践路径图——为用户提供简单快乐的生活体验，为合作伙伴提供值得信赖的发展机遇，为员工提供实现理想的发展平台，为环境积极倡导绿色生活方式，为社会不断创造社会价值。除了在日常业务中创造价值外，京东还坚持进行慈善捐赠，向社会各界累计捐款、捐物数千万元，在危难关头对最需要帮助的人给予关怀和支持。与此同时，京东还利用自身的平台优势，致力于与志同道合的合作伙伴一道，持续为社会公益奉献产业链的力量。

据了解，本次评选历时3个月，经数百名学者专家、媒体人士、公益人士及企业管理者的审慎提名，并由20多位专家最终选定。通过对入围企业在“行业领袖”“创新竞争”“永续发展”“环境友好”“公益慈善”等五个方面进行综合分析，最终有30家企业获奖，百度、中粮、联想、中国平安等实力雄厚的集团均榜上有名。

第二节　为员工提供发展的理想平台

在中国的每一座城市里都有这样一个庞大的群体，他们从事各种不同的职业，诸如保安、建筑、美容美发、月嫂、快递员等工作。他们在平凡的工作岗位上默默地支撑着城市生活的正常运转，但是他们拿着微薄的薪水，生存状况不容乐观。在收入不高的条件下，这些基层工作人员的福利待遇也普遍缺乏保障。

京东保障一线员工的福利

近几年电商行业高速发展，同时也吸引了大批人才涌向配送员和快递员等工作岗位。京东作为我国最大的自营式互联网电商企业，拥有业内最大的仓储物流设施，并在44个城市拥有166个仓库，自营区县已覆盖2043个。

京东的一线员工数量达到5万名之多，其中包括仓储、配送、客服等一线岗位，他们支撑着京东庞大物流体系的正常有序运转，是京东核心竞争力的践行者。

京东创始人兼首席执行官刘强东在内部会议上多次表示："要让我们的一线员工活得更有尊严。"为此，京东为一线员工制定了一整套全方位的薪酬制度和福利保障措施。

京东的薪酬体系

对于战斗在一线岗位的员工来说，一份稳定可观的收入是最基本的保障。京东特别为处于一线岗位的员工提供了具有竞争力的薪酬标准，并且每月按时发放。在多劳多得绩效的激励下，只要这些员工努力工作，其工作收入完全可以给自己和家庭赢得体面的生活。

京东的保障体系

京东严格按照法律规定为每位战斗在一线的员工缴纳五险一金，同时，京东还提供意外伤害险和意外医疗保险，并定期为上万名员工提供健康体检，为员工家属提供优惠的体检项目。

京东考虑到战斗在一线的员工大多家境并不富裕，遇有重大灾难或疾病时无力独自面对，因此，特别设立了爱心互助基金。每一名京东的员工每月自发自愿捐出几元至几百元不等，爱心互助基金据此进行同等额度的匹配，京东上万名员工的点滴之力汇聚成澎湃的关爱，帮助有困难的员工渡过难关。

在京东掌门人刘强东的提议下，京东还专门为处于一线的员工设置了一线救助基金，当一线员工及他们的家属发生重大灾难，诸如重大疾病或者家乡房屋因受灾倒塌等情况，京东将使用该基金对员工及家属进行及时有效的救助。已有不少员工接受了公司一线救助基金的救助。

京东的福利关怀体系

京东设立的各种福利补贴，多达25种。京东全体员工都享有全勤补贴、餐费补贴和工龄补贴。此外，京东针对倒班的一线员工，给予了夜班补贴；并针对搬仓的仓储员工，给予了“风雨同舟补贴”；针对无惧寒暑在外奔波送货的配送员、司机和没有空调暖气的仓储员工，给予了防寒防暑补贴；针对身处丽江、西藏的配送兄弟们，给予高原补贴；等等。京东的员工表示，如果拿到全部的补贴，足以抵得上其他企业员工的一份薪酬了。

京东携手脉度理疗为员工谋福利

京东携手脉度理疗，为京东上万名员工送上专业中医按摩推拿服务，京东员工在享受脉度理疗专业身体保健服务的同时，也为公司能够提供这样人性化的福利而深受感动。不少员工还通过微信和朋友们分享了对脉度理疗推拿服务的感受，呼吁大家行动起来，共同抵制“亚健康”。

对于长时间坐在办公室工作的白领来说，要么低头使用电脑，要么低头书写文案，致使颈部后侧的脊椎长期处于疲劳状态，从而引起头昏脑涨、颈肩背部酸胀麻木、背部疼痛、颈周及肩胛区有痛感，这时要提防颈椎病的来袭。根据解放军306医院的统计，目前30～40岁的上班族颈椎病患者中，76%以上都是由于劳损导致的颈肌型颈椎病。此类颈椎病主要是由于在工作中姿势性劳损、过度劳累，从而使得颈部软组织损伤、气血郁滞。脉度理疗正好解决了上班族的这一需求。

在京东公司的《咚咚小报》中，可以看到京东员工在享受脉度推拿时的景象，也可以看到京东员工积极报名参与脉度理疗“春季送健康”的热闹景象，部分没报上名的京东小伙伴更是强烈呼吁京东员工服务部再次提供该项福利。

脉度理疗与京东已达成深度合作意向，推拿按摩服务将持续进行2个月。在脉度理疗与京东的合作中，京东行政部门给予了大力的支持，不仅通过企业内部在线平台号召大家参与脉度理疗服务，更是把脉度理疗的易拉宝分别放置在电梯口、迎客大厅和活动室等，让京东全公司的员工都能够及时参与到脉度理疗的专业推拿及按摩服务中来。

此前，同类型O2O创业项目功夫熊、点到等都与京东有过企业合作。但体验过脉度按摩的京东小伙伴们一致认为脉度理疗最适合他们，而且服务质量最好，也最专业。

按摩推拿技师们不仅以专业的推拿按摩技术让大家体验了一次极其专业的按摩服务，同时还向大家分享了诸多健康养生知识。技师们针对每一位员工的自身状况，根据积累多年的科学知识和从业经验，向员工们提供了诸多自我保健的小窍门，让京东的员工对自己的健康状况，以及如何保健养生有了更进一步的认识。

京东的职业发展

战斗在一线的员工除薪酬福利外，同样渴望拓展职业成长空间，以及获得求学深造的机会。为此，京东为一线员工提供了多元化的培训学习方案。京东在线学习平台上的300门课程，员工可以随时随地学习；京东将所有的业务课程都放在内部视频平台上供员工阅读，平台上有业内最优秀的教育资源和京东自制的精品课程，两者有机结合，为一线员工的成长提供了丰富的学习资源，也为员工未来的职业方向提供了保障。

京东联合北京航空航天大学启动了“我在京东上大学”“我在京东读硕士”项目，并且针对电商行业以及员工的需求，进行课程定制化改良。这样，不仅有助于京东实现定制化的人才培养，而且也为优秀的员工搭建起学习深造的平台，帮助员工实现自己的职业价值。

京东为了能够更好地激励和关爱员工，还推出了学费激励政策，为家境贫困的员工申请助学金，表现特别优异的员工可以获得奖学金。

京东全方位的员工福利保障制度，为京东吸引和保留了大批的一线人才，正是这些处于一线工作岗位的人才，让京东的脚步坚实地跨向大江南北，最终登上国际舞台。

员工的倾心追随是一份信任，更是一份责任，京东对一线员工的细致关爱，正是京东完善的企业社会责任的真实体现。

第三节　以不断创造社会价值为己任

京东认为，一家可持续发展、令人尊敬的企业，应该是属于整个国家和人民的，是能真正为社会的长期发展和国民幸福谋福利的企业。

京东在短短几年间，凭借自营采购、技术平台、自营物流和服务体系等方面的核心能力，不仅帮助政企采购向电商化快速转型，更是开拓了公益集采电商化模式。京东开创的新模式大大降低了整体的政企管理成本，也降低了众多产业以及公益事业的运作成本，同时，推进了社会的有效发展，为整个政企采购电商化市场的健康、持续发展树立了标杆。

京东搭建政采平台

京东于2014年11月与蚌埠市达成合作协议，充分利用京东作为电商平台的第三方比价功能，打破此前只有普通供应商单一竞争的格局，进一步提升网上商城电子竞价的效果和服务质量，同时也为电商解决了货物类别不够丰富的问题。

京东积累了11年的实战经验，拥有电子商城平台系统，这一点与大部分电商通过第三方搭建电商平台不同。京东凭借自己的技术实力搭建了电商界面。京东几千人的研发团队为其打造了业内领先的技术输出系统。京东向政府无偿输出咨询方案，并力推政府采购建立自己的央采商城。这样，政府便不再需要与第三方软件公司合作建立电商平台，也避免了电子商务网站建设的无效性和市场化运作的弊端。

京东竭力打造专项服务体系

京东从2014年下半年开始筹备和组建前端业务体系队伍，到2015年时该体系队伍已经相对完善。

对于普通的B2B和B2C平台而言，政府采购的电商化具有更高的难度，也会遇到很多麻烦，诸如价格不能有变化，必须是稳定的、公平的之类的问题。为此，电商需要专门提供一个区别于传统服务体系的、颠覆性的服务体系。

京东的正品行货、供应链高效等优势，无疑能够帮助政府破解采购中亟须解决的效率问题。同时，京东能够通过大数据分析，考虑什么时间送货上门最方便、什么货最具有性价比，而这些信息化的环节以往都是通过人力打电话、面对面沟通来实现的。这种服务成本的下降，也将降低政府的采购成本，并且提升服务质量。

京东这种阳光、透明的营销，区别于以往的关系型营销，更加平等、高效，也提升了政府管理的信息化水平。

京东积极推动市场扩展

对于政府采购业务市场，京东内部面临着电子商务系统开发、验收和配送体系的改革，以及全新的挑战，包括产品、售后、运营、支付等售后体系的改变带来的调整，不过，更大阻力还是来自于外部，诸如很多政府部门对于电子商务的不理解，政府部门运作、决策效率相对不高，主动性较低，以及既得利益集团的利益可能受损等问题。这也相对反映了整个政企采购电商市场面临的阻力。

面对这些问题，京东在强化内力的同时，更在尝试通过各种方式的沟通，推动政策对于政府采购电商化实现“阳光采购”的支持，并倾力与更多的电商一起打造这个健康的市场。

京东致力于提升企业采购信息化水平

京东一直致力于提升企业采购信息化水平，因为，信息化水平的滞后一直是中国企业在全球化市场竞争中难以突破的缺口。采购信息化作为信息流环节中的重要组成部分，其应用的滞后直接影响到企业的管理、运作效率和商业竞争力。

京东在大客户业务中，专门针对中国企业群体不同的发展阶段，自主开发了具有实操性的全面解决方案，具体如下图所示。

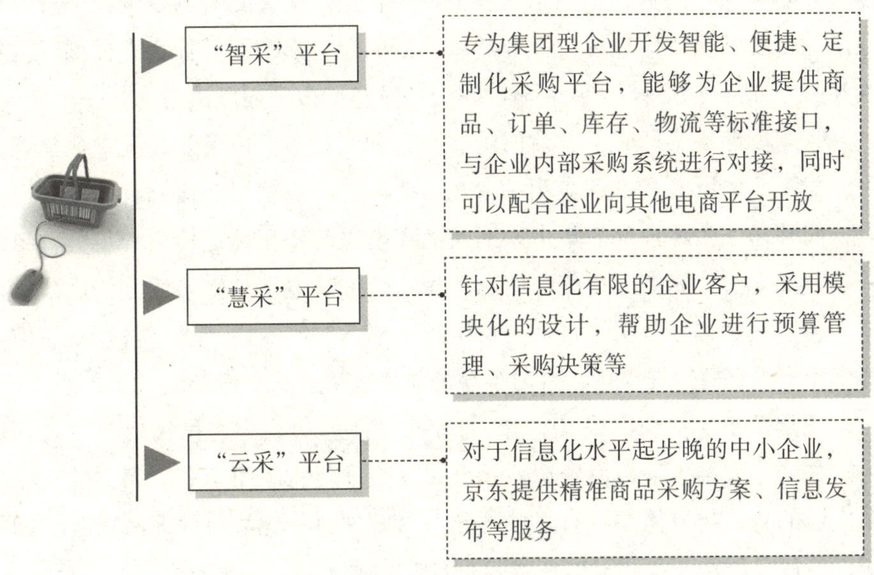

图10-1 具有实操性的信息化平台

京东通过大数据工具还能够提供采购数据分析报表，指导采购决策等行为，并将陆续发布金融解决方案、物流解决方案等，跟供应商联合发布针对某一产品的解决方案。

第四节　为社会献一份爱心

京东积极推动慈善事业发展

2014年8月，云南鲁甸镇发生了6.5级地震，京东在线捐赠通道随即成功上线，方便网友对指定的公益扶持内容和公益组织进行选择性捐赠。京东组织赈灾救援行动小组陆续将500万元的资金以及救灾物资送达灾区。同时，京东积极连接公益组织与消费者，利用在线捐赠平台实现从无到有的零突破，及时快捷地解决了公益项目信息有效性与透明度的问题；京东调动社会责任部、网银在线和西南分公司等内部力量，解决了公益项目的效率问题。

京东能够提供即时、有效的沟通平台和快速传播以及管理的专业建议，直面公益事业领域的多方利益相关者在透明度、专业性以及信息有效性方面的痛点；能够通过大客户部的集中采购及遍布全国的物流配送体系满足公益组织的采购分配需求；能够通过庞大的京东用户群的公益行动轨迹逐步构成公益大数据库，这些信息分析结果将为公益组织更科学、有效地开展公益行动、推广公益产品提供有效数据支撑，有力推动公益事业格局的全新升级。

正是基于这些原因，2014年9月京东携手基金会中心网推出了“公益触电未来之路”大型公益电商资源对接会。这个项目将利用京东全品类的产品、分布广泛的自营物流体系、有经验的公益众筹项目等优势有效地激发公益创新力量，给社会公益事业注入越来越多的健康的血液。

围绕着“影响与责任双赢”的智慧思路，京东已经逐步开展了模式创新、绿色创新、产业创新和社会创新等多种具有特色的社会责任实践形式，提炼出属于自己的创新责任价值。

京东开创了公益集采新纪元

京东启动了“公益触电未来之路”公益组织对接会，京东集团企业社会责任部与大客户业务部持续在公益集采上进行着新的探索。公益集采有其特殊性，如下图所示。

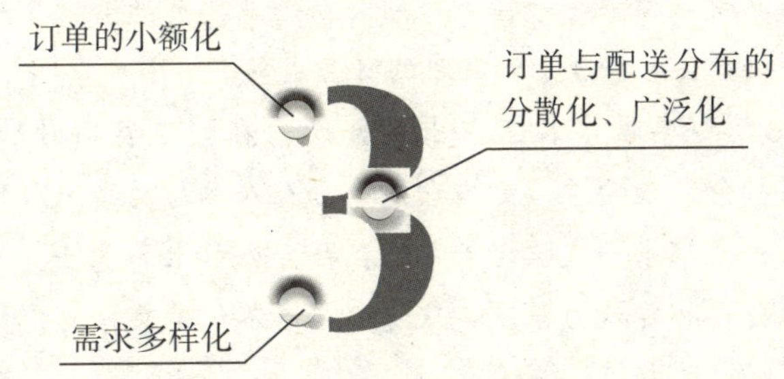

图10-2　公益集采的特殊性

公益集采的特殊性包括订单的小额化，订单与配送分布的分散化、广泛化，需求多样化。目前众多公益组织在信息化水平上的严重滞后，对于京东而言是一个很大的挑战。

京东自营电商在公益集采方面具有强大优势。京东陆续帮助越来越多的公益组织广泛应用信息化工具，使用电商化的采购方式，以实现价格的公开与透明，以及减少采购人和供应商的私下接触，并压缩权力寻租的空间，以此促进公益采购以及公益事业的规范化和专业化。京东还将建立公益采购的专业频道，为捐赠人提供透明的监督平台，并与农村电商化战略结合，将所有的物流公司集中管理，形成有序的网络化管理，实现高效透明的运作，掀起一阵公益组织电商化采购的浪潮。

相关链接》》

京东获2012—2013年度中国互联网公益企业奖

2013年8月13日，以“共建良好生态环境，服务美好网络生活”为主题的中国互联网大会于北京国家会议中心揭幕。会上，国内最大的综合网购平台京东（JD.COM）荣获2012—2013年度中国互联网公益企业奖，标志着其一直以来在社会公益领域的无私付出及贡献再次得到互联网业界的肯定。

中国互联网大会由工业及信息化部指导、中国互联网协会主办，至今已经举办12届。凭借与时俱进的大会主题、聚焦行业热点的高峰论坛、引领业内风尚的奖项设置，中国互联网大会已发展成为中国乃至亚太区域最具规模、最为专业的行业大会。作为其重点奖项之一，互联网公益企业奖也随着大会一同成长，见证了中国互联网企业社会责任理念和实践的日益成熟。

京东高级副总裁李曦代表京东出席会议，在接受奖项时她说："公益的'公'，不仅指社会大众受益，更指它是一份人人参与的事业。作为国内线上零售企业的领军人物，京东一直铭记着自己在社会公益上的责任，以为社会创造价值为己任，为社会各界贡献力量，奉献爱心。这不仅是京东的价值观之一，更是支持京东持续发展的动力。"

据了解，京东集团一直通过扶助社会弱势群体、救助受灾群众、支援地方教育、资助贫困学生等方式回馈社会，截至2012年年底已累计投入数千万元。2012年京东响应央视关爱老年痴呆病患者的号召，与中国人口福利基金会合作开展"我的父亲母亲——黄手环行动"，在遍布全国的物流站点向老人们免费提供黄手环，减少老人走丢的风险；2012年店庆日（6月18日）期间，京东还开展捐助白血病患儿公益活动，为患病儿童筹集善款150万元……在2013年4月雅安地震发生时，京东更是第一时间派遣救助车辆向灾区输送粮食、饮用水、衣物、药品等灾民必需品，首批捐助物资和款项共计200万元。此外，京东还在2012年7月参加了互联网企业"公益西部行"活动，远赴云南、甘肃等地普及互联网知识、传递电子商务理论，以帮助西部地区借力互联网浪潮找到致富之道。

李曦表示，为了系统化地履行企业社会责任，京东制定了"五为"社会责任理念，将"用户""合作伙伴""员工""环境""社会"等五个方面明确列入其中，并为每个方面设立了行动指南及方向：为用户提供简单快乐的生活体验，为合作伙伴提供值得信赖的发展机遇，为员工提供实现理想的发展平台，为环境积极倡导绿色生活方式，为社会不断创造社会价值。在"五为"理念指引下，京东不仅在电商领域夯实基础，持续建设多方共赢的电商供应链生态，而且也竭诚为社会及环境创造价值、贡献力量。

业内人士认为，京东在公益事业上的理念和付出，表明了京东作为一家电商领军企业，对于企业社会责任的成熟认知，为互联网行业树立了典范。同时，京东覆盖全国的物流体系以及在商品流通方面的能量，也为其在践行社会责任上提供了先天优势。此外，京东在卖家、供应商及消费者中的广泛影响力，有利于京东带动更多社会群体共筑公益长城。

第十一章
京东的内部凝聚

导言：

2004年，京东开始做电商的时候，总共是36名员工，截至2015年12月31日，京东已拥有近11万名正式员工。那么，京东是如何将所有员工凝聚在一起的呢？本章内容主要介绍京东如何做好员工管理。

第一节　京东的核心力量

京东掌门人刘强东不止一次在公开演讲中推广他的倒三角形管理模型，这套模型里包括团队、物流、成本、效率等关键词。

关于这套模型的倒三角图形已经在互联网电商中广泛流传。

京东掌门人刘强东将整个倒三角图形分为四个横向部分，最底层是团队，倒数第二层是物流系统、IT系统及财务系统，倒数第三层是成本和效率，而最上面一层是产品、价格和服务。这四大部分对京东意义重大，分别是基础、供应链、关键KPI以及用户体验。

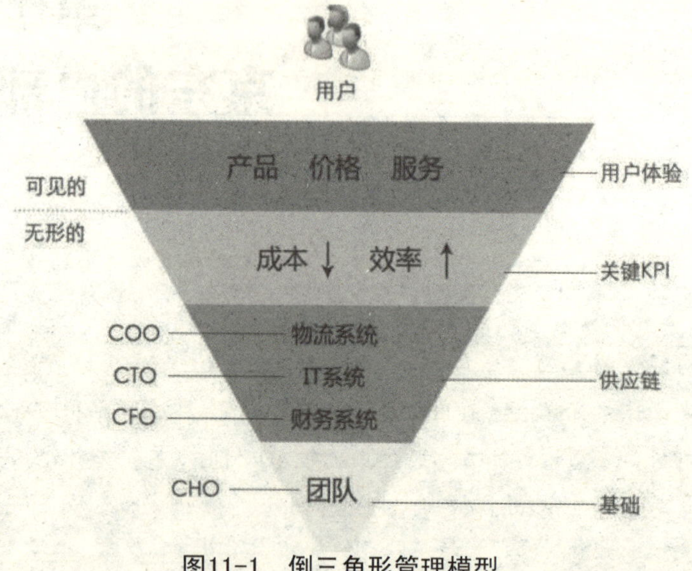

图11-1　倒三角形管理模型

在这个倒三角形管理模型中，只有最上面一层，也就是产品、价格和服务，是面向用户的，用户可以直接看到，下面的三层则处于“无形”状态，这三层在内部相应的分工是，CHO负责团队，COO负责物流，CTO负责IT系统，

CFO负责财务系统。

基础层：团队

京东掌门人刘强东认为，在中国办企业的人有四种，一是官二代，二是富二代，三是有专利技术的人，四是什么都没有的人。而事实上，民营企业中更多的经营者属于第四种类型，京东也是如此。那么，它在强强争锋、弱肉强食的市场上如何活下来？未来在社会上能够依靠谁？只有依靠团队。

供应链层：物流系统、IT系统及财务系统

在打造一个优秀的团队后，京东会用团队去打造三个核心系统。具体如下图所示。

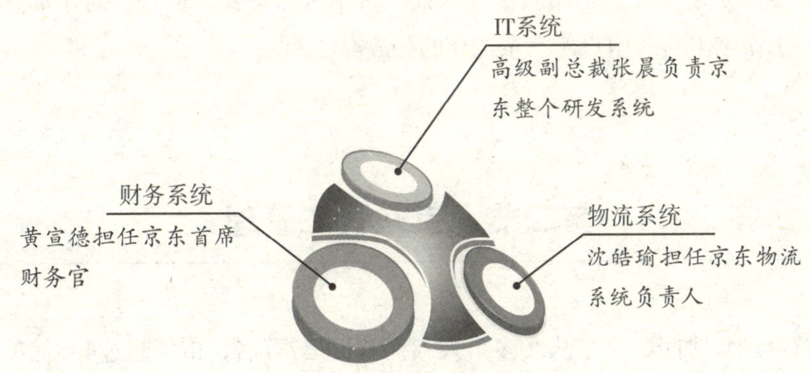

图11-2　京东三个核心系统

关键KPI：成本和效率

物流系统、IT系统及财务系统是否有效？京东拿什么进行考核？答案是成本和效率。

成本和效率要考虑的有几方面：第一，和同行相比，物流系统、IT系统和财务系统，成本能不能低于行业平均数，能不能低于主要竞争对手；第二，上

述三个系统的效率是不是能够更高。提高效率的关键之处在于，效率跟所有财务指标都关联，也与资金周转效率、产品风险等相对应。账上的现金流越多，就可以做更多的投资，赚取更多利润。

如何节省成本？在许多因素之中，诸如市场、人力成本、固定资产、物流等，唯一可以降低成本的只有物流，即使降低物流成本也不会影响公司的健康度，因此电商成本的比拼，也就是物流成本的比拼。

用户体验：产品、价格和服务

京东掌门人刘强东将产品、价格和服务这三项统称为电商用户体验，消费者只会通过这三项对京东进行感知，他们看不到其他京东的系统。2007年京东曾做过市场调研，消费者选择电商的第一个因素是价格，第二个因素是产品，第三个因素是便利性。而到了2011年京东再做这样的调研时，发现产品跃上第一位，也就是需要有“正品质量”保证。价格依然重要，但是，对于那些只图便宜、忠诚度不高的用户，京东选择的是放弃。

第二节　京东员工管理

短短10年时间，京东从30多个人到拥有员工7万名，市值超过400亿美元，跻身中国互联网公司四强，且不说京东是如何从一个小柜台走上国际大舞台的，单单是对这7万名员工进行井井有条的管理就不是容易的事情，京东是如何做到的？

京东通过四个原则对员工进行管理。

能力价值观体系

能力价值观体系是京东的第一个管人的原则，也是最重要的原则，京东选人、留人包括辞退，其实凭借的都是这个原则。如果用价值观和能力做度量，根据量化标准对一个人进行评分，从0分到100分，对所有的员工进行分类，结果如下图所示：

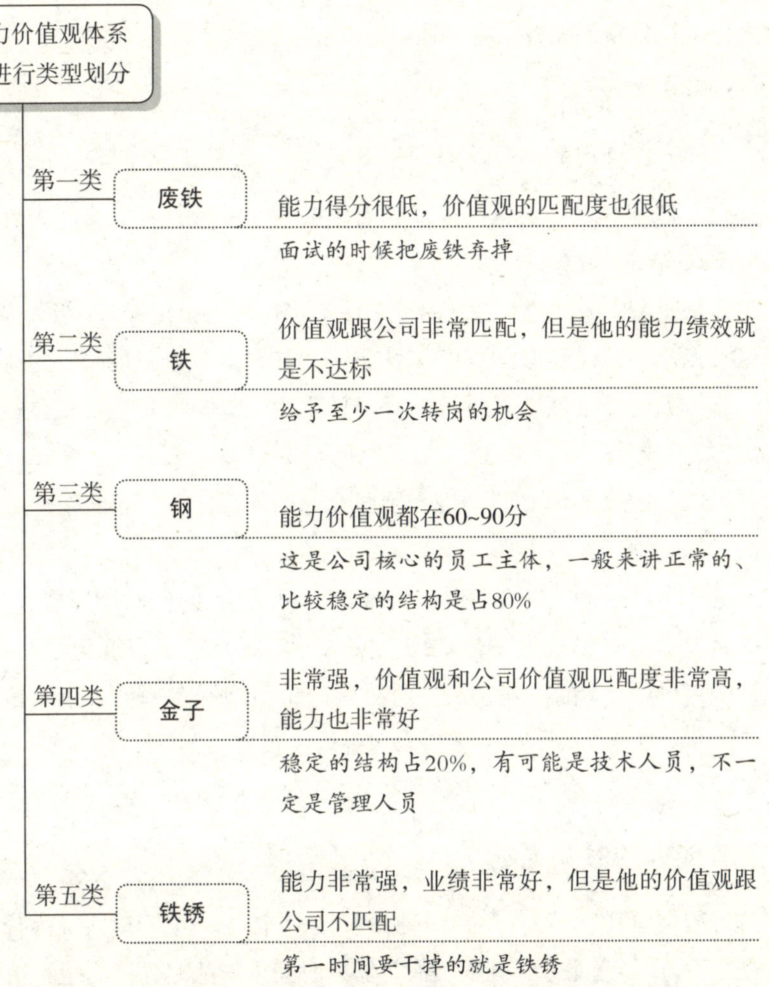

图11-3　根据能力价值观体系对员工进行类型划分

为什么铁锈留不得？因为铁锈的口才很好，又很有能力，这种人会成为群体的领导，有腐蚀性，如果他对公司进行破坏，那么其破坏和杀伤力也非常强。所以，不管会对公司业绩造成多大的损失，宁愿职位空着，宁愿这一部分不做，也不能让铁锈在这里。

这就是京东选人和用人时使用的非常重要的表格，每年所有副总监以上的高级管理人员都要做一次360度考核，其中包括他们的能力。将一年连续四个季度的业绩拿出来评分，通过对他们的同级、上级和所有的下属进行360度访谈，以无记名打分投票的方式进行评分。

ABC原则

把人选好，之后便是授权。管人怎么管？谁管谁？怎么一个管法？京东第二个原则叫ABC原则。

什么叫ABC呢？就是按照级别C汇报给B，B汇报给A。两级人事权、加薪、辞退、奖金、股权等都由A和B来决定。比如说刘强东只能管公司副总裁，招一个总监不需要经过他本人面试，对于总监的升职、加薪、授权包括辞退等他都不知道。但是公司设立CEO，这刘强东是知道的。

所以，按照ABC原则来讲，刘强东是A，子公司下面的副总裁属于公司的C。

这样做就是为了避免一个人说了算，同时旁边还有HR监督、审核。HR没有提名权，不可以跳过A或者B决定给C升职或是涨工资。但是，HR具有审核权，HR监督A、B的决定是否符合公司的价值观和普遍的人事政策。通过这种ABC原则就避免了公司单一员工掌握生杀大权。

管理人的8120原则

第三个原则就是公司的8120原则，京东认为一个管理人员最佳的管理数是8~12个人，如此能让管理人员有足够的时间思考战略，同时也不清闲。

这就使每个管理人员管理的下属不少于8个人，少于的话则要合并；假如超过12个人，他的业绩受影响了，便可以分拆业务。12个人不是一个固定的上限，京东的上限有12个人、18个人。原则上，不超过12个人业务不允许分，比如，京东的1个副总裁管了9个总监，公司便只能有1个副总裁，超过12个总监之后可以考虑设立第二个副总裁。

“20”是什么意思？即对公司最低层的管理人员而言，要求每个主管管理人员不低于20个。因为基层员工业务比较单一，所以要求主管管理的员工不少于20个人，实际上有的时候主管管了50~80个人。

这样就能避免公司人浮于事，官太多，人太少。

2N原则

最后一个原则是2N原则。第一，所有加入京东的人，如果过去有很多工作经历，每个人最多也只允许带原单位的1个人过来。如果带多了人怎么办？也欢迎，去别的部门。原则上京东不欢迎任何一个管理人员带原单位的人过来。

第二，所有管理人员都有1年的时间去找到公司认可的人员做后备，如果找不到的话，第二年新的业务及加薪不会给他。如果2年之内还是找不到，不能直接说某个人就是你的后备，京东还要调查。如果找不到的话，必须离职。

第一个原则是为了避免公司帮派产生情绪，第二个原则是为了确保公司有人员备份，不会因为一个高管人员的离职而使业务瘫痪。

上述四个原则便是京东选人、用人、留人的基本原则。

参考文献

[1] 佚名. 刘强东身家60亿美元，源于做对了8件事. 华商网，2015-06-19

[2] 冀勇庆. 从京东财报看零售行业改天换地. 网易财经，2015-03-05

[3] 赵安然. 广州零售业30强出炉 京东等电商包揽前二位. 南方都市报，2015-07-02（0823）

[4] 王杰聪. 算账：京东牵手腾讯这一年，赚大了. 百度百家，2015-03-04

[5] 李寅初. 京东的三个关键词：刘强东、零售、狼性. 羊城晚报，2015-07-05

[6] 沛沛. 服务无终点 京东售后服务再升级. 中国消费网，2015-03-09

[7] 佚名. 京东巨亏背后的细节：重心倾向第三方平台引忧虑. 华夏经纬网，2015-03-16

[8] 浅岸. 京东阅读20万以上的正版图书给您高质量阅读感受. 安卓网，2015-06-16

[9] 佚名. 京东图书的逆袭：从“三年零毛利”到品类杀手. 网易教育频道综合，2014-08-11

[10] 佚名. 自营电商供应链究秘：网易考拉海购能否超京东. 网易科技报道，2015-06-16

[11] 佚名. 京东的O2O：太原唐久便利店的“网上大卖场”. 中国经营网，2013-11-25

[12] 徐雅玲，蒋瑜沄. 物流网络继续下沉 京东把大家电卖到了西藏. 新浪科技，2015-05-05

[13] 刘素宏. 宝洁原高管加入京东，大数据时代促使网络营销时代来临. 新京报，2015-07-02

[14] 佚名. 京东团购更名京品惠 联合俏江南推史上最低折扣. 中国经营网，2013-11-28

[15] 佚名. 在互联网介入之前，你对互联网征信体系了解多少. 搜狐媒体平台，2015-07-01

[16] 佚名. 京东杀入校园金融 支持四地区大学生收“白条”. 每日经济新闻，2015-01-16

[17] 佚名. 京东股权众筹发布会召开 “黑马”雷神科技为何受青睐. 腾讯数码，2015-03-31

[18] 夏欣. 股权众筹亮相 京东叫板BAT. 中国经营报，2015-04-04

[19] 张莉. 京东上线股权众筹 大佬刮起创客风潮. 中国证券报，2015-04-04

[20] 佚名. 京东承诺自觉履行企业环保责任引环保部关注. 法制日报，2014-04-22

[21] 佚名. 躬耕十年得认可 京东获“2012—2013年度最受尊敬企业”荣誉. 中国经济网，2013-08-09

[22] 厂商投稿. 京东携手推拿O2O脉度为员工谋福利. 飞象网，2015-04-15

[23] 小曦. 京东获2012—2013年度中国互联网公益企业奖. 速途网，2013-08-13

[24] 佚名. 刘强东的一堂课：我如何管理京东7. 5万名员工. 腾讯科技，2015-04-01

[25] 李大学. 京东技术解密. 北京：电子工业出版社，2014

[26] 郑鑫. 众筹模式真火了！京东众筹一年筹了多少钱？结果惊人！. 家电视界网，2015-08-05

[27] 潘少颖. 京东金融开启“公益众筹+”时代 打造互联网公益新未来. IT时报，2015-07-06

[28] 佚名. 刘强东剖析京东：为何京东巨亏也要做物流. 新浪科技，2014-07-26

[29] 佚名. 京东金融APP3.0：关系模式催生的移动产品. 南方日报，2015-09-18

[30] 佚名. 京东：放下书本，拿起手机来看书. 新浪科技，2015-07-27

[31] 丁丁. 找投资的看过来 京东最近主投四大领域. 搜狐科技，2015-05-28

[32] 佚名. 京东供应链金融服务的起源与发展. 亿邦动力网，2014-04-02

[33] 佚名. 京东商城正式接通俄罗斯“Yandex”支付系统. 新浪财经，2015-09-16

[34] 老鱼. 另类分析!网银钱包为什么更名京东钱包？. it168.com，2015-04-30